Maler Müller Almanach 1987

*Selbstporträt. Ölbild. 1778 ? Mannheim, Reiß-Museum.*

# Maler Müller Almanach 1987

Fiedler-Verlag, Bad Kreuznach

Planung und Redaktion:
Rolf Paulus
in Verbindung mit
Emil Walter Rabold, Gerhard Sauder und Wolfgang Schlegel

Dies ist der dritte Maler-Müller-Almanach.
Der erste ist 1980, der zweite 1983 erschienen.
Ein weiterer Band wird Ende 1987 erscheinen.

© by Druckerei und Verlag Fr. Fiedler, Bad Kreuznach
© für Beiträge bei den Autoren

Gesamtherstellung:
Druckerei und Verlag Fr. Fiedler, Bad Kreuznach

ISBN 3-924824-42-8

# Friedrich Müller, Maler, aus Kreuznach

Der ehemals deutsche und später österreichische Kaiser Franz II. besuchte 1819 das ewige Rom. In seinem Gefolge befand sich auch Friedrich Schlegel, auf der Suche nach Vertretern einer christlich altdeutschen Kunst, von denen es in Rom eine ganze Reihe gab. Müller selbst zählte sich wohl nicht dazu, obwohl er sich an einer Ausstellung deutscher Künstler beteiligte, die auf Förderung durch den Kaiser hofften. Die meisten von ihnen wurden enttäuscht.

So erwähnt Schlegel den ,,Friedrich Müller, Maler, aus Kreuznach'' auch nur knapp und fast schon ins Unbedeutende abgedrängt in einer Auflistung der ,,teutschen Künstler'' vom April des kaiserlichen Besuchsjahres.

Heute steht der ,,Mahler Müller'', der ,,junge Kuhhirt'' aus Kreuznach, mit seinem Namen, seinem künstlerischen Lebenswerk und seinem persönlichen Schicksal für eine Epoche des Umbruchs, der ,,Irrungen und Wirrungen'' in vielerlei Hinsicht — politisch, künstlerisch und menschlich.

Zeichnerisch ein Naturtalent, ausgebildeter und ernannter ,,Hofmaler'', ein Poet von gewaltiger Sprachkraft und leidenschaftlichem Ausdruck, interessiert an Grunderscheinungen der Sprache und des Sprechens, an Bühne und Spiel, Mitstreiter um den deutschen Geist und die deutsche Nation, um Kunst und Kultur; Zeitgenosse, Bewunderer und Gesprächspartner großer Geister seiner Epoche.

Erfaßt vom ,,Sturm und Drang'', in Auseinandersetzung mit der Klassik, im Denken wie im Schaffen einerseits ein Realist, andererseits gemütvoll dem Urtümlichen, der Idylle, der mystischen Illusion zugewandt, greift er voraus in das aufkeimende Daseinsverständnis der Romantik. Friedrich Müller ist eine geistige Brücke zwischen Gewesensein und Werden im 18. und 19. Jahrhundert.

Glücklicherweise hat die Maler-Müller-Forschung eine lange Tradition. Besonders dankbar und anerkennend müssen aber die gegenwärtigen Bemühungen der Maler-Müller-Arbeitsstelle erwähnt werden, die es sich zur Aufgabe gemacht hat, das Lebenswerk Friedrich Müllers in seiner Gesamtheit zu ordnen, einzuordnen und wissenschaftlich aufzuarbeiten. Der ,,Maler-Müller-Almanach 1987'', gibt davon Zeugnis in Schwerpunkten und Auszügen.

Wenn sich auch das künstlerische Lebenswerk des Malerpoeten überwiegend außerhalb der Mauern seiner Geburtsstadt entwickelt hat, in der sich ein ,,Freundeskreis Maler Müller e. V.'' ebenfalls fördernd um Unterstützung und Mitarbeit bemüht, bleibt doch noch mehr Anteilnahme an dieser großen Arbeit zu wünschen. Schließlich hat der ,,Mahler Müller'' über sein Verhältnis zu seiner Vaterstadt selbst in einer Hymne geschrieben: ,,... deine Söhne tragen dich in Gedanken, wo du sie auch hinsendest, über Land und Meer!'' Eine Beziehung zur Heimat, die Verwurzelung erkennen läßt, Beachtung und Anerkennung verdient.

Ich wünsche dem ,,Maler-Müller-Almanach 1987'' weite Verbreitung und beziehungstiftende Aufnahme in dem Bewußtsein, daß es auch darum geht, den großen Sohn einer Stadt und der Landschaft an der Nahe zu ehren.

    Karl-Georg Schindowski, Kulturdezernent der Stadt Bad Kreuznach

*Junger Hirt mit seinen Schafen. 1771. Radierung.*

# Grußwort

Am 2. Februar 1797 schrieb Schiller an Goethe: ,,Die Arbeit von Maler Müller soll mir sehr lieb sein, er ist sicher eine unerwartete und neue Figur, und es wird uns auch sehr helfen, wenn ein Streit in den Horen eröffnet wird.''
Damals ging es um einen Beitrag in der berühmten Zeitschrift, die der garnicht so bekannte Maler und Poet verfaßt hatte. Sowohl sein malerisches, wie auch sein dichterisches Werk sind umfangreich. Die Zahl seiner Leser entspricht nicht dem, was aus qualitativer und historischer Wertung gerecht wäre. Insofern hat die Aussage Schillers von der ,,unerwarteten und neuen Figur'' heute noch fast die gleiche Gültigkeit.
Daß nun im Jahre 1987 ein Almanach erscheinen wird, übrigens zum dritten Mal, der sich ausschließlich mit der Person Maler Müllers und dessen Werk auseinandersetzt, verdankt sich allein einer Initiative von Germanisten, Historikern und Kunsthistorikern, die bereit sind, das Werk dieses zu Unrecht wenig Beachteten einer breiteren Öffentlichkeit bewußt zu machen.
Das kann man nicht allein durch eine Werkausgabe, die den Text seiner Gedichte, Dramen und Briefe sowie das malerische Oeuvre sichert. Da sind fundierte, wissenschaftlich unanfechtbare und zugleich gut lesbare Aufsätze zu verfassen. Da bedarf es eines Organs, das Neugierde weckt und in dem man neue Funde, kleine Miszellen mitteilen kann. All das haben die Herausgeber mit dem Maler-Müller-Almanach erfüllt. Sie sollen beglückwünscht und bedankt werden für ihre Initiative.

Dr. Bernd Goldmann<br>
Kultusministerium<br>
Rheinland-Pfalz

# Vorwort

Dieser Maler-Müller-Almanach, der dritte seiner Art, gibt wiederum die Möglichkeit, durch Originaltexte und Bilder neue Freunde für Maler Müller zu gewinnen und zugleich die vielfältigen, oft zu lange unsichtbaren Aktivitäten für die Maler-Müller-Ausgabe in angemessener Form vorzuzeigen.

Diesmal ist es der Unterstützung durch den ,,Bad Kreuznacher Freundeskreis Maler Müller e. V." und dem Verlag Fiedler zu danken, daß der Almanach erscheinen konnte. Einen Schwerpunkt des Bandes bildet die Lyrik Maler Müllers mit einer nach Themen gegliederten kleinen Auswahl seiner Gedichte — berühmte und unveröffentlichte Texte stehen nebeneinander —, sowie mit einem erstmals die gesamte Lyrik berücksichtigenden Überblick (R. Paulus). Ebenfalls zum Schwerpunktsthema gehört die aufschlußreiche Studie von G. Sauder über die frühe Lyrik.

Weitere Aufsätze: A. Stahl ediert einen frühen Brief Müllers an Kaufmann, während W. Schlegel über den Briefwechsel zwischen Johann Martin Wagner und Kronprinz Ludwig von Bayern Einblick gibt in Müllers Tätigkeit als Kunstagent und die damit verbundenen Intrigen. Ein Selbstporträt des ,,Bad Kreuznacher Freundeskreises Maler Müller e.V." darf in diesem Rahmen natürlich nicht fehlen (R. Walter).

Allen Freunden Maler Müllers und allen Förderern unserer Arbeit sei für Unterstützung und Solidarität in mancherlei Form sehr herzlich gedankt.

Im Januar 1987

R. Paulus, E. W. Rabold, G. Sauder, W. Schlegel

# Inhaltsverzeichnis                                                Seite

| | |
|---|---|
| Maler Müller: ,,Selbstporträt'' ............................... | 2 |
| Friedrich Müller, Maler, aus Kreuznach (Karl-Georg Schindowski) .. | 5 |
| Maler Müller: ,,Junger Hirt mit seinen Schafen'' .............. | 6 |
| Grußwort (Dr. Bernd Goldmann) ............................ | 7 |
| Vorwort ..................................................... | 8 |
| Maler Müller: ,,Dithyrambus''. Handschrift .................. | 10 |
| Maler Müller: ,,Ha! aus jeder Rebe quillen Taumelströme, Wein und Gold!'' — Sturm-und-Drang-Gedichte .............. | 11 |
| Maler Müller: ,,Balladen''. Titelblatt ........................ | 16 |
| R. Paulus: Die Lyrik Maler Müllers. Gesamtdarstellung und Dokumentation ...................... | 17 |
| Maler Müller: ,,Faune und Nymphen'' ....................... | 40 |
| G. Sauder: Maler Müllers ,,Kleine Gedichte zugeeignet dem H. Canonicus Gleim'' ................................ | 41 |
| Maler Müller: ,,Aesop'' ...................................... | 52 |
| Maler Müller: ,,Wer will unser König seyn/Muß uns überfliegen''. Lehrgedichte und Fabeln ................................... | 53 |
| Martin v. Wagner: ,,Selbstbildnis'' ........................... | 56 |
| W. Schlegel: Vom ,,Teufelsmüller'' zum ,,lieben alten Müller''. Aus Wagners Korrespondenz mit Ludwig von Bayern .......... | 57 |
| Maler Müller: ,,Poesie und Mahlerey''. — Gedichte zur Kunst ..... | 73 |
| A. Stahl: Spuren von Denkbewegungen und Emotionen im Brief ... | 77 |
| Maler Müller: Brief an Christoph Kaufmann vom 23. 10. 1776 ..... | 82 |
| Maler Müller: ,,Hab wahrer Künstler Eigensinn ...'' Gedichte über Freunde und über sich selbst .................. | 87 |
| G. Sauder, W. Schlegel, R. Paulus: Über viele unsichtbare Vorarbeiten und einen großen Schritt vorwärts. (Bericht) ....... | 91 |
| Maler Müller: ,,Rastende Briganten'' ......................... | 94 |
| R. Walter: Der ,,Bad Kreuznacher Freundeskreis Maler Müller'' .... | 95 |
| Die Autoren der Beiträge ..................................... | 99 |
| Kleine Anthologie aus Maler Müllers Lyrik (Nachweise) .......... | 100 |

*Dithyrambus. Handschrift, von der Druckfassung des Gedichts (1775) abweichend. Frankfurt, Freies Deutsches Hochstift — Goethe-Museum.*

# Maler Müller
# „Ha! aus jeder Rebe quillen Taumelströme, Wein und Gold!"

Sturm-und-Drang-Gedichte

Die Sturm-und-Drang-Dichter haben die großen Gedanken der Aufklärung nicht aufgegeben, aber sie zogen den langweiligen Philosophien die lebendige Annäherung an das Ursprüngliche im Bereich von Natur, Mensch und Geschichte vor. Sie ertrotzten sich ein gesteigertes, individuelleres Lebensgefühl, das auch vielen Gedichten Maler Müllers in seiner Mannheimer Zeit (1775 — 1778) ihr Pathos und ihren Schwung verleiht.

    Lied eines bluttrunknen Wodanadlers.

    Was wirfst du, Sturm, die Klippen nieder?
Was leckest du mein Mahl?
Was schlägt in meinen Trank dein brausendes Gefieder?
Entfleuch aus diesem Thal!

    Ihr tanzt, ihr Fichten und ihr Tannen,
Frohlockend um mein Mahl!
Ja, taumelt nur, voll Blutes der Tyrannen,
Durch dieses Wonnethal!

    Er ist, er ist herabgesunken,
Der Silbermond, ins Wonnethal!
Er sieht, er sieht mich, Brüder! trunken,
Und eilt zu meinem Mahl.

    \* \* \*

    Shakespeare
    Ode

Liebling der Natur
gott der erden denckenden
Wie eine zeder gottes
Sihstu in die wolcken
um ihre Schultren Schlägt der donner den Flügel
in deß dein Haupt in des himels Strahle steht!

Zerschmettert Sie ein donner
So weint und heult Er um Sie
ach so weinte die natur
Selbst in dem augenblicke
dich ihren liebling
wieder der erde entriß

Zu glückliches Albion
zu glücklich durch dich.

Ode an ein Gebürg

Fahr durch das klippen thal,
Fahr durch die Wipfel
Der tannen hohes Lied!
Schwing dich auf zu jenem Felßkönig,
Der fürchterlich durch die blitze blickt,
Wenn rothgeflügelt seine Schulter
Des donners Wagen drückt,
Damit es sich erhelle — ruf zurücke
Den Tag, da er das erste mal gleich einem Rießen ausgestreckt
Der Sonne gegen über stand, zehn thäler und zehn Wälder
Mit seinem Schatten überdeckte,
Und wie er nun vom süßen Strahle truncken
Gleich einem frohen säugling lächelte — voll lust
Die aufgeschwollne grühne Schulter bäumte, hoch erhube
Die rauhe Felßen brust,
Und wie auf seinem Haupt nun bluhmen aufgeschoßen,
Er schmachtend in das abend roth geblickt
Gleich einem jüngling, dem den ersten Sieges krantz
Daß mädgen seine Stirn umschmückt.

\* \* \*

Dithyrambe

Ha! was staunen meine Blicke!
Ha! wie schwindeln meine Blicke!
Füllt den mächtigen Pokal,
Füllt ihn, füllt ihn noch einmal!
Daß von meinen blöden Sinnen
Alle Nacht und Nebel fällt!

Ha! nun steh' ich aufgehellt!
Götter! was soll ich beginnen?
Tret' ich eine fremde Welt?
Dorten rauscht der Zug herunter!
Dort herunter! da hinunter!
Soll ich, soll ich zu ihm hin?
Dorten seh' ich selbst Lyäen
Auf dem goldnen Wagen stehen!
Wie des Siegers Wangen glühn!
O! ich seh, ich seh Lyäen!
Wie vor ihm die Tieger knien!
Dorten rauscht der Zug herunter!

Dort herunter! da hinunter!
Soll ich, soll ich zu ihm hin?
Du verklärter Gott der Reben!
Darf ich auch den Thyrsus heben?
Darf ich mit am Wagen ziehn?
Helle brünstige Gesänge,
Die ihm jede Nymphe zollt,
Strömen durch die Epheugänge!
Wie sein stolzer Wagen rollt?
Wie ihm Löw' und Pardel brüllen!
Wie sein stolzer Wagen rollt!
Ha! aus jeder Rebe quillen
Taumelströme, Wein und Gold!

    O ihr Brüder! o ihr Brüder!
Selig! selig! selig! Brüder!
Evan steigt zu mir hernieder,
Lehnet sich an mich vertraut!
Selig! selig! selig! Brüder!
Seht, es rauscht um meine Glieder
Tief herab die Pantherhaut!

    Kröne meine Schläfe! kröne
Meine Stirne! Neugeschmückt!
Tanzet vor mir, Silbertöne!
Götter! Götter! wie entzückt!
Flieh' ich auf des Meeres Wogen?
Tret' ich den gehörnten Rhein?
Meine Seele ist entflogen!
Wut durchschauert mein Gebein!

    Jache! Jache! Jache! Jache!
Vater Evan! Vater Bache!
Jache! Jache! Gnade! Gnade!
Reiß mich von dem Flammenrade!
Reiß! Schon taumelt auf einander,
Erd' und Himmel und Gestirn!
Auf mir, auf mir steht der Panther,
Und zernaget mein Gehirn!

    Ach! du kommst, du kommst, und rettest!
Vater Evan! rettest! rettest!
Kühlst in süßer Wonneflut
Meiner heißen Locken Glut!

Wehe! Wehe! Evan! wehe!
Ich versinke! Ich vergehe!
Sieh, mich stößet Morpheus hin!
Welche süße, süße Lüfte
Jagen kühle Blumendüfte!
Silbern säuseln sie im Fliehn!

\* \* \*

   der knabe

Wie die täubger auf der Stange
Wenn sie ruchsen lachen schreyn
Flügel Spreiten und den kleinen
Schnabel sich einander leyn

Spielte Hanchen mit dem Michel
Obersich und unter sich
Mutter hätt ihrs nur gesehen
o es ließ euch wunderlich.

\* \* \*

   Soldaten Abschied.

Heute scheid' ich, heute wand'r ich,
Keine Seele weint um mich,
Sinds nicht diese, sinds doch andre,
Die da trauren wenn ich wandre,
Holder Schatz, ich denk an dich.

Auf dem Bachstrohm hängen Weyden,
In den Thälern liegt der Schnee —
Trautes Kind, daß ich muß scheiden,
Muß nun unsre Heymat meiden,
Tief im Herzen thut mirs weh.

Hundert tausend Kuglen pfeifen,
Ueber meinem Haupte hin —
Wo ich fall, scharrt man mich nieder,
Ohne Klang und ohne Lieder,
Niemand fraget wer ich bin.

Du allein wirst um mich weinen,
Siehstu meinen Todesschein,
Trautes Kind, sollt er erscheinen,
Thu im stillen um mich weinen,
Und gedenk auch immer mein.

Heb zum Himmel unsren Kleinen,
Schluchs' nun todt der Vater dein!
Lehr ihn bethen - gieb ihm Seegen,
Reich ihm seines Vaters Degen,
Mag die Welt sein Vater seyn.

Hörst? die Trommel ruft zu scheiden,
Drück ich dir die weiße Hand,
Still die Thränen — laß mich scheiden,
Muß nun um die Ehre streiten,
Streiten vor das Vaterland.

Sollt ich unterm freyen Himmel,
Schlafen in der Feldschlacht ein,
Soll aus meinem Grabe blühen,
Soll auf meinem Grabe glühen,
Blühmchen süß, vergiß nicht mein.

# Balladen

vom

### Mahler Müller.

Mannheim,
bei C. F. Schwan, kuhrfürstl. Hofbuchhändler
1776.

*Balladen. 1776. Mit Titelradierung ,,Das braune Fräulein''.*

# Rolf Paulus
# Die Lyrik Maler Müllers
Kurze Gesamtdarstellung und Dokumentation

    I.  Die Entwicklung der Lyrik F. Müllers
        1. Pfälzische Zeit:
           Anfänge bis 1773
           Erfolge 1774 bis 1778
        2. Römische Zeit:
           Übergänge 1779 bis Anfang 1790er Jahre
           Klassizismus und Altersstil
           Mitte der 1790er Jahre bis 1825
   II.  Die Überlieferung der Lyrik F. Müllers
        1. Handschriften
        2. Drucke

Vorbemerkung

Maler Müllers Lyrik ist im Rahmen der Vorarbeiten für eine Gesamtausgabe soweit gesammelt und gesichtet[1], daß ein Bericht über den jetzt erreichten Stand sowohl in der Darstellung als auch in der Dokumentation wesentliche neue Erkenntnisse vermittelt[2].

Weder Seuffert[3] noch Renwanz[4] werteten ja die Handschriften in Frankfurt[5], welche den größten Teil bisher unveröffentlichter Gedichte enthalten, aus. Christoph Perels, Direktor des Freien Deutschen Hochstifts, sagt es deutlich: „Als Lyriker ist Müller noch so gut wie unentdeckt, obgleich sein Werk Gedichte ersten Ranges enthält [...]"[6].

Die Veröffentlichung aller Gedichte Maler Müllers wird also quantitativ und qualitativ eine erhebliche Bereicherung der Literatur der sogenannten Goethezeit bringen.

Darstellung und Dokumentation in diesem Aufsatz werden durch die kapitelweise über den Almanach verteilte Gedichtauswahl ergänzt.

I. Die Entwicklung der Lyrik F. Müllers im Überblick

Für einen knappen Überblick über die chronologische und stilistische Entwicklung der Lyrik Maler Müllers in ihren Hauptlinien sind hinreichend Indizien stilistischer, inhaltlicher und dokumentarischer Art vorhanden.

Die Hauptabschnitte ergeben sich sozusagen von selbst. Müllers Romreise (1778) ist der Einschnitt zwischen pfälzischer und römischer Zeit. Innerhalb der pfälzischen Zeit kann man Anfänge und die frühe, erfolgreiche Produktion unterscheiden. Die römische Lyrik wird nach einer bemerkenswerten Übergangszeit klassizistisch: Müller entwickelt seinen Spätstil[7].

1. Pfälzische Zeit

Für die pfälzische Zeit kann man im wesentlichen die Gliederung von Renwanz übernehmen und zwei Abschnitte unterscheiden, nämlich die Anfänge bis 1773 und die Erfolge von 1774 bis 1778. Die zweite Phase beginnt noch in Zweibrücken, umfaßt aber hauptsächlich die Mannheimer Zeit. Aus dem unveröffentlichten Material sind vor allem die „Kleinen Gedichte zugeeignet dem Herrn Canonicus Gleim"[8] hervorzuheben.

Anfänge bis 1773

Dem einzigen erhaltenen Text aus dieser Zeit, einem brav gereimten Alexandrinergedicht, das der knapp 15jährige Johann Friedrich Müller seinem Patenkind Johann Friedrich Schäfer schickt, wird man keine großen dichterischen Qualitäten zuschreiben wollen. Hier der Anfang: „Sei freudig, liebes Pettergen, du weisst nichts von dem Tage. Der doch so freudig ist, dich störet keine Plage [...]". Immerhin liegt eine genaue Datierung auf den 1. 1. 1764 vor[9].

Über alle weiteren dichterischen Versuche zwischen 1764 und 1773 kann man nur Vermutungen anstellen. Müller wird in dieser Zeit als Maler ausgebildet, nicht als Dichter. Dennoch könnte er am Zweibrücker Hof Gelegenheitsgedichte oder gar Anspruchsvolleres geschrieben haben. Man denke nur an die Aufführung von Singspielen.

Eindeutige Zeugnisse sind wohl nicht mehr erhalten. Der von Müller in einem Brief[10] vom 23. 10. 1776 mitgeteilten Verbrennung zahlreicher Manuskripte dürften solche frühen Texte zum Opfer gefallen sein[11].

Erfolge 1774 bis 1778

Durch die Freundschaft mit Johann Friedrich Hahn (1753 — 1779), der im Göttinger Hainbund eine Rolle spielte, ist wohl die literarische Begabung Müllers erst richtig gefordert worden. Es wirkt auch heute noch als Sensation, daß von Müllers eingeschickten Gedichten eines für den Göttinger Musenalmanach auf das Jahr 1774 von Klopstock selbst ausgewählt und etwas verbessert wurde. Mit dem „Lied eines bluttrunknen Wodanadlers", das spätestens Mitte 1773 entstanden sein dürfte, war Müller als Dichter präsent.[12]

Er machte weitere literarische Entdeckungen, und so wie er sich in den Bardenton hineingesteigert hatte, so faszinierte ihn auch die Anakreontik mit J. W. L. Gleim als berühmtestem Vertreter. Durch das Handschriftenkonvolut „Kleine Gedichte zugeeignet dem Herrn Canonicus Gleim" läßt sich präziser als bisher belegen, daß Müller sich Mitte bis Ende 1774, also noch in Zweibrücken, in unermüdlichen Variationen mit dem Thema Lebenslust, vom Wein bis zur Liebe und zur Natur, lyrisch beschäftigt.

Nach der Handschriftenlage und der Druckgeschichte muß man davon ausgehen, daß Müller von mehreren literarischen Strömungen gleichzeitig beeindruckt wurde, daß er von einem Stil zum anderen wechselte. Renwanz interpretiert die Mannheimer Zeit des Dichters Müller als Zeit des Zwiespalts zwischen Anakreontik und Sturm-und-Drang und registriert, wie schon Seuffert, die gelegentliche Vermischung der Stile. Trotzdem muß innerhalb dieses Aufsatzes der Chronologie die Darstellung nach Stilgruppen vorgezogen werden.

Müller kam 1775 endgültig nach Mannheim, hatte als Maler Erfolg, bekam rasch Zutritt zu den wichtigen gesellschaftlichen Gruppen, seine Dichtungen wurden gedruckt: man mag sich ihn, trotz seiner 26 Jahre, als erfolgreichen jugendlichen Helden vorstellen.[14] Einen wichtigen Einschnitt bildet allerdings die bereits erwähnte Verbrennung von Manuskripten, deren Auswirkung auf die Produktion noch nicht genau beschrieben werden kann. Eindeutig ist immerhin, daß 1777 keine Einzelgedichte mehr gedruckt werden und 1778 nur ein selbständiges Gedicht erscheint; die anderen sind in größere Textzusammenhänge integriert.

— Sturm und Drang

Maler Müller gilt als Sturm-und-Drang-Dichter. Das ist sicher nicht falsch, aber eine exakt abgrenzbare Sturm-und-Drang-Lyrik gibt es bei ihm noch weniger als bei den anderen Autoren. Natur und Volk, Individuum und Genie, Freundschaft und Gefühl, das sind zentrale Themen, die auf andere Traditionen als bisher zurückgreifen, die auch formal neu ausgedrückt werden. Klassifizierungen um jeden Preis sind an dieser Stelle nicht sinnvoll; großzügig sollen die Gedichte zusammengestellt werden, in denen die Tendenzen des Sturm-und-Drang zum Ausdruck kommen.[15]

Das ,,Lied eines bluttrunknen Wodanadlers'' (1774) und ,,Der rasende Geldar'' (1776) versuchen auf eine eigenständige nationale Tradition zurückzugehen. So auch — auf andere Weise — das ,,Lied eines Minnesängers''[16]. Wie im germanischen wird auch im antiken Bereich das große Individuum besungen, z. B. in ,,Achilles Lied''[17]. Höchste Steigerung der Emotion erfüllt einige Gedichte aus der Welt des Dionysos: ,,Dithyrambe'' (,,Ha! was staunen meine Blicke!'') (1775) und ,,Gesang auf die Geburt des Bacchus'' (1775). Selbstverständlich werden auch in fast hymnischer Steigerung die großen Genies begeistert gefeiert: ,,Shakespeare. Ode''[18], ,,An Ossian''[19] oder auch ,,Orpheus-Klopstock'' (1811). Von biographischem Interesse ist ,,Nach Hahns Abschied'' (1776). Das Thema Freundschaft wird hier teils pathetisch, teils empfindsam gestaltet, Stilelemente, die auch die Dichtung des Göttinger Hains um Klopstock stark geprägt haben.

Den Stil des Volkslieds trifft Müller gut, die Spannweite reicht von dem frechen Gedicht ,,Der Knabe''[20] bis zur Ballade ,,Das braune Fräulein'' (1776). In verschiedenen Texten der ,,Schafschur'' (1775) dürfte den Volksliedtönen schon Anklänge von Parodie mitgegeben sein. Stilecht dagegen das Lied vom Pfalzgraf Friedrich (,,Die Nacht gar klar und lieblich ist'') am gleichen Ort. Weiter denke man an das ,,Jägerlied'' (,,Auf! rüstige Knaben'') (1776) und den ,,Soldatenabschied'' (1776), ein häufig vertontes Lied.

— Bardenlyrik

Barden als Sänger der germanischen Götter, Helden und Kämpfe waren für die Dichter des Hainbunds wegen der nationalen Tendenz geschätzt; im Sturm-und-Drang gewinnt dann Ossian als Vorbild Einfluß. Müller schrieb einige Gedichte im Stil der Bardenlyrik, deren Veröffentlichung zwischen 1774 und 1776 liegt. Allerdings nahm er später Bearbeitungen dieser Stoffe vor. Es ist nochmals das ,,Lied eines bluttrunknen Wodanadlers'' (1774) zu nennen, dann die ,,Bardenode''[21] und ,,Strombachs Lied''.[22]

Die beiden nächsten Gedichte sprechen für Müller eine ganze Welt an, die er zunächst in diesen kurzen Texten, später in weit ausgreifenden episch-lyrischen Großformen gestaltete. ,,Der Riese Rodan'' (1775) erlebte mehrere Bearbeitungen. ,,Der rasende Geldar'' (1776)[23] entfaltete sich zum Zyklus ,,Zehn Lieder Rhins und Luitbertas König Geltars Tochter'' (1820).

— Anakreontische und schäferliche Lyrik

können bei der angebrachten Kürze zusammen vorgestellt werden. Wer sich mit Müllers Gedichten in diesem Stil beschäftigen möchte, liest am besten seinen spielerisch-übermütigen Brief ,,An Herrn K ... in Mannheim'' (1775)[24]. Die Literatur hat ihn gepackt: ,,Ich bin jetzt ein Poet. — Bey Tage mahle ich; und des Nachts mach' ich mich auf einem Bogen Papier lustig [...]. Ich arbeite Lieder, Comödien, Tragödien und kleinere Heldengedichte aus.''

Der Spaß an der Materie und dem anakreontischen Stil, aber auch die Respektlosigkeit, mit welcher der Stil überdreht und fast parodiert wird, sind offensichtlich.[25] Imitation und Inspiration greifen ineinander: ,,Meine Philissen, Dorissen und Philaiden sind gute Kinder; sie kommen durch verschlossene Thüren zu mir [...]''. Das Gedicht ,,An Doris'' und Teile von ,,An die Liebesgötter'' sind in diesem poetologischen Brief enthalten.

Selbstverständlich steht dem dichterischen Spiel der traditionelle Apparat der Mythologie zur Verfügung, ,,Amor und Venus'' (1775) oder ,,Amor und Bacchus'' (1776) kann man da nennen[26]; ,,Dithyrambe'' (1775) wurde seiner extremen Steigerung wegen schon bei den Sturm-und-Drang-Gedichten genannt. Auch im ,,Freudenlied'' (1776) geht es recht munter zu:

    Freyer Mädchen Nicken,
  Runde Busen schmücken,
  Weiche Hände drücken,
    O wie süß! wie süß!

Andere Lieder zum Thema Geselligkeit und Wein sind moderater, z. B. ,,An die Brüder'' (,,Schöpfet mit mir Leben''). Eine kleine Gruppe bezieht ihren Reiz aus raffiniert-naiven Pointen: ,,Der Wintzer'', ,,Der Trinker'', ,,Der gefallene Trinker''. Fast schon philosophisch kommt ,,Bacchus ist stärker als Amor''[27] daher. Zum Schluß noch zwei anders geartete Gedichte: ,,Musarion'' (1811) malt eine Idylle aus; ,,Eine Schilderung''[28] tarnt sich als Beschreibung eines leicht frivolen Bildes: ,,Glaubstu nicht, Boucher habe hier gemahlt/Und Wieland ihm dictirt?''.

— Empfindsamkeit

Wie Tendenzen des Sturm-und-Drang und der Empfindsamkeit eine spannungsvolle Verbindung eingehen können, zeigt Müllers Drama ,,Golo und Genovefa''.[29] Die Figur des Golo wird von einer Leidenschaft beherrscht, die ihn auf der einen Seite in passiver Sentimentalität schmachten läßt, andererseits schließlich in kriminelle Aktivität treibt. Zu den zahlreichen lyrischen Einlagen[30] gehören das melancholische ,,Mein Grab sey unter Weiden'' und ,,Klarer Liebesstern'' [Nachtgesang].

Schon in der ,,Schafschur'' gab es ein empfindsames Lied ,,Ausgespannt droben in den Wolken'' (1775) [Der Thron der Liebe].[31]

Walther Killy hat die differenzierte Gefühlserfahrung in Müllers Gedicht ,,Nach Hahns Abschied'' (1776) subtil abgegrenzt von der sonst so verbreiteten vagen Stimmungslyrik.[32]

Römische Zeit

Übergänge 1779 bis Anfang 1790er Jahre

Der Maler Friedrich Müller wollte nur zu einem Studienaufenthalt in Rom bleiben und ließ deshalb bei seinem Freund, dem Buchhändler Schwan in Mannheim, einen Koffer mit jenen Manuskripten zurück, die wir heute als Berliner Material kennen.[33]

Einige Texte hat er aber zur weiteren Bearbeitung mitgenommen, darunter das Drama ,,Die Pfalzgräfin'', das 1781 unter dem Titel ,,Golo und Genovefa'' abgeschlossen, aber erst 1811 gedruckt wurde.

Während der ersten Jahre in Rom[34] wirkten Themen und Stile der Mannheimer Zeit fort, so daß zeitliche Einordnungen schwierig sind. Doch drei datierbare Gruppen von Gedichten geben Aufschluß über die Haupttendenzen: die Beiträge zum Göttinger Musenalmanach auf das Jahr 1792, die Gedichte mit Bezug auf Zeitereignisse zwischen 1788 und 1792 und die rekonstruierte Sammlung von Oden nach 1791.

Es zeigt sich, daß die Mannheimer Tendenzen ohne große Brüche weitergeführt werden, mit der Einschränkung, daß Müller sowohl die nur tändelnde Anakreontik als auch die zügellosen Dithyramben aufgibt, und daß er neue Themen aufgreift.

Diese Übergangsphase ist schwer abzugrenzen gegen die als Klassizismus und Altersstil zu umschreibende spätere römische Zeit, zumal bestimmte Formen des Pathos, des hohen Stils schon lange angelegt sind. Sie gehen einerseits auf Klopstock, andererseits auf Müllers Annäherungen an die Gattung Oper zurück.

— Musenalmanach 1792

Die Gedichte im Göttinger Musenalmanach 1792 dürften aus der römischen Zeit stammen. Sie könnten Ende der 80er, Anfang der 90er Jahre entstanden sein. ,,Der Riese Rodan" ist sicher mehr als eine Reminiszenz an alte Erfolge. Er wurde erstmals 1775 gedruckt, aber jetzt in einer Bearbeitung wieder vorgelegt. Offensichtlich hing aber Müller doch noch zu sehr an seinem alten Text. Er hat nur die schroffsten Töne abgemildert und einige unklare Stellen etwas verdeutlicht.

Die anderen Gedichte kann man vorläufig als klassizistisch bezeichnen. Sowohl in ,,Auf Amors Köcher" und ,,Amynt an Mirons Grabe" als auch in ,,Unter Michel Angelo's Bildnis" ist das dithyrambische und idyllisierende Zerfließen dem Streben nach prägnanter Form und Sinngebung gewichen.

Im letzten Gedicht ,,Natur" meint Seuffert[35] ,,Schillersche Klassicität" zu erkennen, aber der rhetorische Guß fehle. Zentraler Gedanke: Der Künstler, Lieblingskind der Mutter Natur, muß im spielerischen Kampf dieser das Abbild mit ihren eigenen Waffen, ihrem Zauber, ihrer Schönheit, abgewinnen.

— Die Odensammlung (nach 1791)

Drei Seiten der Frankfurter Handschrift 12 733 tragen die Überschrift ,,Anmerckungen zu den Oden". Mit einiger Kombinationsgabe ließ sich daraus folgende Sammlung von Oden rekonstruieren, deren Text an ganz verschiedenen Stellen des Nachlaßmaterials zu finden sind:

| | |
|---|---|
| I | An Carl Theodor |
| II | Auf Lessings Tod |
| III | Stoa. Ode |
| IV | Lied eines bluttrunknen Wodanadlers |
| V | Die Leier des Orpheus |
| VI | An meine Schatten-Quelle |
| VII | Poesie und Malerei |
| VIII | Der höchste Nachruhm. An Jacobi |
| IX | Glauckus und Sirene |
| X | Lycons Trauerzug[36] |

Mit dieser Sammlung faßt Müller seine Leistungen der Mannheimer und der frühen römischen Zeit zusammen, sie ist sowohl von den Themen her als auch im Stil repräsentativ. Darüber hinaus haben alle Gedichte einen engeren biographischen Bezug.

Mäzen (I), künstlerische und persönliche Vorbilder und Freunde (II, VIII, IX, X) werden gewürdigt, das eigene Schicksal ist trotzig in philosophischkommentierender und sinnbildlicher Weise dargestellt (III, V), die von ihm selbst geschätzten und erfolgreichen frühen Gedichte sind mit aufgenommen (IV, VI) und die Doppelbegabung als Dichter und Maler ist Thema eines umfangreichen Gedichts (VII).

Und nun zu den einzelnen Gedichten. „Stoa" ist eine philosophisch grundierte Ode, die mit großem Atem die Bedrohung des Menschen durch Schicksalsschläge und ihre geistige Überwindung beschwört. Nach einem allgemeinen Teil, in dem Pallas Athene als Beschützerin von Kunst und Wissenschaft auf der einen, Fortuna und Pandora auf der anderen Seite die mythologische Verkörperung jener Schicksalsmächte bilden, in deren Spannungsfeld das Geschöpf des Prometheus, der Mensch steht, wird im zweiten Teil, immer noch stark stilisiert, die eigene Existenzkrise Müllers, seiner Meinung nach durch Verleumdung ausgelöst, einbezogen. Philosophischen Halt gibt ihm die Vernunft, die Vernunftphilosophie der Stoa; Zeno und Epiktet werden genannt. Hier ein Zitat, das den Kontrast von unbeschwerter Künstlernatur und plötzlicher extremer psychischer Belastung veranschaulicht:

„Und ich bildete die Welt
nach frohen Zügen wie die sanfft
aus meinem innern strahlten.
Unbefangen frey vom Harm
und Kummer, ohne
Trug ach! überschwenglich
reich an Wonne glänzte sie.

Ha! da schlug der Neid auf seinen
Köcher; knirschend zog er
auf mich des Bogens Sehne,
jagt der Pfeile bitterstern
in meine Brust. Verläumdung borgte
Edler Freundschafft larve warf mir
die Schlinge um meinen Hals, führte
mich, ein zahmes opfferrind, zur bluthgen
Schlachtbanck hin."
[...]
„So entfiel ich ha! Verleumdungs gifftger
Schlinge jüngst hin schmerzumwunden Pallas
als du grose hoch erhaben rettend
Adler flogst mit starcker Faust den
gifftgen Knoten rißest, bleib o
theure mir gewogen, o gewähr mir
unter deinem Schilde Ruh."[37]

Wenn man daran denkt, welche Aufregung Goethes Gedicht „Prometheus" und der dadurch ausgelöste Spinozismusstreit verursachte, wird man Müllers Ode „Der höchste Nachruhm. An Jacobi» besonders genau lesen. Müller reagiert damit zwar auch auf die Tatsache, daß Jacobi 1779 in Ungnade gefallen ist und sich nach Düsseldorf zurückzog. Aber er spielt wohl auch auf die hochbrisante Problematik an, in der die Aufklärung lange Zeit ihre Grenzen fand, nämlich die Frage nach der Unabhängigkeit von Vernunft und Humanität von den etablierten Religionen und Instanzen. Sicher ist die direkte Anspielung auf das Gedicht von J. G. Herder ,,Der Nachruhm''. Dessen Lob der anonymen Wohltätigkeit, die keine laute Anerkennung nötig hat, endet in einer Art Gottesbeweis, die Welt bezeugt ihren unsichtbaren Schöpfer. Nicht so bei Müller, der Mensch bleibt im Mittelpunkt, und, der Auflehnung des Prometheus gegen Zeus vergleichbar, wird hier der edle Mensch noch über den Olymp gestellt.

,,[...] der höchste Ruhm ist,
dem Geschlecht der Menschen werth seyn, werth
durch Wolthat, unbestechlich zeuget dann
das Gefühl, verlanget, sehnlich
zum gerechten, unterdruckter

Unschult Herz, rufft dem Helffer auch am
dunckeln Ais, zählt ihm Vatter! Retter! ha! die
Bitter abgepreßte, bangeweinte
Thränen alle vor er ist

der Hort, der Schirm, der Lezte,
Hoffnungs Strahl ach! theurer als der adern
Bluth! der augen Licht! Olymp versinckt
doch nie! vergeht der Edeln Ruhm.''

Da diese Odensammlung eine große Bedeutung hat, sollen auch die anderen Gedichte kurz charakterisiert werden.

,,An Carl Theodor''[38] bietet ein konventionelles Herrscherlob, der Kurfürst Carl Theodor von der Pfalz, dem Müller unter anderem die Ernennung zum Hofmaler verdankte, wird als großer Herrscher und Förderer der Künste gepriesen.

,,Auf Lessings Tod'' schreibt Müller 1781 ein Gedicht, das er zehn Jahre später überarbeitet. Es wird 1820 gedruckt.

Lessing dürfte der Schriftsteller gewesen sein, der ihn als Person und als Künstler am meisten beeindruckt hat, wie auch aus den Briefen hervorgeht.

In einem Brief an Ludwig Tieck vom 8. 5. 1806 gibt Müller eine ausführliche, auch poetologisch recht aufschlußreiche Darstellung zur Entstehung des Gedichts. Die Nachricht vom Tode Lessings habe ihn zutiefst erschüttert. Weinend sei er vor die Stadt hinaus gewandert, die Nacht habe er in der Nähe antiker Ruinen verbracht. ,,Hier sank ich nieder ins feuchte Gras, innerer Wehmuth nun gänzlich überlassen, und hier war es auch, wo dieß Gedicht, dem gepressten Herzen als ein Mittel der Erleichterung, seinen Ursprung fand. Jetzt erst zogen sich die bis dahin geschlossnen Schleusen dem Gefühle lindernd auf, und über der Beschäftigung von der Einbildungskraft, dem Gegenstande meines Schmerzens ein Denkmal zu weihen, fand der Schmerz bey mir sich augenblicklich gemildert. Nicht etwa blos von dem Umfange der Gedanken gewann dieß Gedicht hier Form, nein, sondern auch (ein Beweis, wie im Menschen die heftigsten Leidenschaften sich gern metrisch lösen, daher der Reim selbst nicht blos als ein Spiel des Witzes, sondern als ein Element für den Ausdruck des Gefühles mit zu achten ist) nach der Versweise, als Bedürfniß für die Auslassung und beynahe in vollendeten Strophen. [...] Kaum war ich zu Hause angelangt, als ich mich sogleich bemühete, alles was voll und lebendig sich noch in mir regte, und gedrängt mir in die Feder quoll, auf mehrere Papiere nieder zu werfen."[39]

Mit dem „Lied eines bluttrunknen Wodanadlers" hatte Müller, unter Klopstocks wohlwollender Förderung, 1774 seinen ersten Erfolg als Lyriker.

„An meine Schatten-Quelle" wird schon im Erstdruck (1775) durch eine Anmerkung aufgewertet, die ein persönliches Erlebnis glaubhaft versichert. Die Anmerkung im Manuskript zur Odensammlung ist noch deutlicher:
Das Gedicht „ist die Frucht einer sinnlichen überraschung, die ich in den Gegenden von Zweybrücken in einem felßigen Waldthal genoß - der fürchterlich angenehme Anblick rührte mich so hefftig und meine Phantasie bildete das Leben hinzu so daß diese Ide ganz sinnlich bey mir wahr ward."[40]

„Die Leier des Orpheus" in der Form eines bitter-ironischen Epigramms ist wie «Stoa» auf das Thema Verleumdung bezogen.

„Poesie und Malerei", das ist Kunsttheorie in Gedichtform (über 600 Zeilen!). Zu den ästhetischen Aspekten treten noch biographische Bezüge, denn Müller exemplifiziert im Medium Lyrik die Leistungen der Malerei vermutlich an eigenen Beispielen.

„Glauckus und Sirene auf den Aufenthalt der Danzy in Neapel", das Loblied auf eine berühmte Sängerin in mythologischer Einkleidung, erinnert einmal mehr an die hohe Bedeutung der Musik für Müller. — Das letzte Gedicht, „Lycons Leichenzug ein Trauergedicht auf Geßners Tod", gibt mit den Mitteln der Idylle der Trauer über Geßners Tod Ausdruck. Gleichzeitig widerruft Müller seine frühe Geßnerkritik in einer Anmerkung.

— „Monumente unserer Zeit"

Als Entwurf hat sich eine Widmung an den „Durchlauchtigsten Fürsten" Kaunitz erhalten, die zu einer kleinen Sammlung „Monumente unserer Zeit" gehört.[41] Die Gedichte beziehen sich zum einen auf Mitglieder des habsburgischen Kaiserhauses, zum anderen auf den zweiten russisch-türkischen Krieg (1787—1792), der für den österreichischen Minister Kaunitz von großem Interesse war, weil sich Österreich mit Rußland verbündet hatte.

In einem noch unveröffentlichten Aufsatz schreibt W. Schlegel dazu unter anderem: «Wenn Müller dem Fürsten Kaunitz diese Gedichte widmet, so ist anzunehmen, daß er während dessen Romaufenthalts zu ihm in Beziehung getre-

ten ist und es ,,wagen" konnte, zweimal ihm Gedichte zu widmen, womöglich mit dem Hintergedanken, Kaunitz könne Gemälde bei ihm kaufen."[42]
Habsburg und Österreich sind Themen der folgenden Gedichte: ,,Auf den Hintritt Kayser Josephs des Zweyten", ,,Aufschrift auf die Urne der Prinzessin Elisabeth von Württemberg." und ,,Klage über den Hintritt der Prinzessin Elisabeth von Württemberg".[43] Beide Ereignisse liegen im Jahre 1790.

,,Auf die türkische Sclavenkette die Prinz Coburg erobert" und ,,An den Prinz Coburg nach der Flucht des Großvizirs" stellen den österreichischen Heerführer, Prinz Coburg in den Mittelpunkt. Potemkin ist der Held des Gedichts ,,Auf die Einnahme von Ochhzakow".[44] Der Kampf gegen die Türken war ein weltbewegendes Ereignis, so feiert zum Beispiel auch Schubart den russischen Sieg (,,Otschakof").[45] Heute würde man eher von einem Gemetzel sprechen, Müller aber faszinierte die Überwindung der Widerstände und des fanatisierten Gegners: ,,Mahomet erbleicht dem Mond gleich, zitternd, gräßlich/ brüllt der ehrne Sturm nun im Sturme besiegt".[46]

Die ,,Monumente unserer Zeit" lassen erkennen, daß Müller die politischen Ereignisse mit Interesse verfolgt, daß er konservativ denkt und daß er auch in diesem Bereich kritisch — nämlich lobend oder abwertend — Stellung nimmt. Die Gedichte dieser Art setzen die konventionellen poetischen Mittel ein, Hexameter, Alexandriner und wirken gelegentlich etwas zopfig und schwunglos. Man wird sie zu den Gelegenheitsgedichten rechnen, ohne sie damit von dem poetischen Werk ganz auszuschließen.

Klassizismus und Altersstil in Rom Mitte der 1790er Jahre bis 1825

Die Veränderungen des Stils, welche sich seit der Mannheimer Zeit entwickelt haben, sind erst durch die Erarbeitung der Gesamtausgabe von Müllers Werken in allen Einzelheiten zu erfassen. Deutlichstes Indiz für die ständigen Veränderungen von Müllers künstlerischer Auffassung ist ja die Tatsache, daß er sich über immer wieder zu durchgreifenden Neubearbeitungen seiner früheren Werke entschloß. Im Briefwechsel mit Batt anläßlich der Werkausgabe ist oft davon die Rede, Faust, Iphigenie und Adonis sind nur die bekanntesten Beispiele für solche veränderte Fassungen.

Die dreibändige Werkausgabe von 1811 ist für die Entwicklung der Lyrik wenig ergiebig, da sie fast nur frühe Gedichte, redaktionell bearbeitet, enthält.

In der Lyrik verstärkt sich zunächst die klassizistische Tendenz in Themen und Stil. Dem Maler und Antiquar in Rom ist selbstverständlich die Auseinandersetzung mit der Antike eine besonders wichtige Aufgabe.

Schönheit, Wahrheit, Freiheit sind die Werte, nach denen sich viele, teilweise recht scharfe kritische Gedichte ausrichten. Mit den Gattungen Epigramm, Fabel und Lehrgedicht steht Müller oft und sehr stark in der Tradition der Aufklärung.

— „Harmonia"

Zentral für Müllers Lyrik dieser Zeit und darüber hinaus für seine gesamte Kunstauffassung und Weltanschauung ist sein Gedicht „Harmonia",[47] das nur zum Teil gedruckt wurde. Der erste Gesang bietet eine breit angelegte mythologische Darstellung, in der Müller seinen poetologischen und ästhetischen Grundbegriffen, Phantasie und Harmonie, innerhalb der konventionellen Mythologie ihren gebührenden Platz anweist.

Harmonia als Tochter der ewigen Mutter Natur und des Uranos, Phantasus als Sohn des Pan und der Harmonia: damit sind vom Idyllischen bis zum Dämonischen alle Möglichkeiten offen. Künstler sind die Lieblinge der Natur, sie schenkt ihnen Phantasie und Harmonie. Der zweite und der dritte Gesang gelten den großen Dichtern, in weiteren, nicht ausgeführten Gesängen hätte man die bildenden Künstler, vielleicht auch die Musiker erwarten können.[48]

Der zweite Gesang stellt in der Literatur der Antike selbstverständlich Homer gebührend heraus. Nach ihm werden kürzer behandelt: Pindar, Äschylos, Sophokles, Euripides, Theokrit, Äsop, Aristophanes, Lukian; Vergil, Horaz, Ovid und Properz.

Der dritte Gesang führt diese, zum Teil erstaunlich selbständige Literaturgeschichte in Höhepunkten fort. Die englische Literatur ist weitgehend mit Shakespeare identisch; daneben stehen nur noch Ossian und Milton. Im Mittelalter wird das Nibelungenlied sehr positiv gewürdigt. Dante folgt, mit ihm Petrarca, Boccaccio und Ariost. Auch Cervantes wird sehr hoch eingeschätzt. Frankreich erscheint mit Corneille, Racine, Molière, Lafontaine und Voltaire.

Dann die deutsche Literatur, von der aber nur bereits verstorbene Autoren aufgenommen sind. In Klopstocks Ruhm mischt sich Kritik, in seiner Lyrik finde sich zuviel Gedachtes und zu wenig Phantasie und Naturnähe. Gessner wird uneingeschränkt gelobt.

Schiller und Bürger haben ihren Platz, ebenso Lessing und Heinse. Sie werden kritisch gemessen an den Forderungen nach Phantasie, Harmonie und Wahrheit. Über Schiller heißt es zum Beispiel:

> „Den Flug von ihm kann hell uns zeigen,
> Maria Stuart, Wallenstein,
> Dem Nilometer gleich, der abmißt rein,
> Wie hoch des Sonnenstromes goldne Fluten steigen.
> O möchten diesen deine andre Kinder gleichen,
> Dann dürfft Johanna d'Arck das was sie wollte, seyn,
> Das hohe Ziel würd dann Don Carlos voll erreichen
> Und Hamlet stünde ha! nicht länger mehr allein."

— Zeitgedichte: Napoleon und die Freiheitskriege

Der junge Müller hatte seine nationale Begeisterung im Stil der Bardendich-

tung ins Germanische projiziert oder auf ein Kulturprojekt wie das Nationaltheater gerichtet.[49] Der über sechzigjährige wird realistischer und greift einige Themen aus der europäischen Politik, die von Napoleon geprägt wurde, auf. Schwerpunkt ist der Zeitraum zwischen 1813 und 1815.[50]
Voraus gehen einige Gedichte, die sich auf die Französische Revolution und ihre Folgen beziehen. Immer wieder kritisiert Müller die negativen Aspekte der Demokratie und mißt sie an der Vorstellung von Elite, wie sie ihm vom künstlerischen Bereich her selbstverständlich war.[51]
Neben der scharfen Kritik am „Sansculotte"[52] steht der heftige Angriff auf Napoleon:

„Bonaparte
Paaret sich Gaunerey und Unverschämtheit wir fassen
Beydes ins niedrige Wort Sanculloterie,
Mit der höchsten Gewalt, dann ist der Wüthrich gebohren,
Der die Menschheit zerstückt, gänzlich erfüllet der Sinn
Jenes alten Spruches: Kommt in den Sattel der Bettler
Spornet das Roß er bis es, odemlos unter ihm sinckt."[53]

An den Befreiungskriegen interessieren Müller unter anderem die Schlachten bei Leipzig (1813), Hanau (1813) und Waterloo (1815).[54]

— „Katholische" Gedichte

Müllers ästhetische, politische und moralische Position ist, wenn man das Gesamtwerk und die Briefe heranzieht, eindeutig den humanistischen Idealen der Aufklärung verpflichet. Dem Freimaurer Müller sind Freiheit und Vernunft zentrale Werte, seine religiösen Gefühle bedürfen keiner Reglementierung. Dem widersprechen nur scheinbar seine Konversion und seine „katholischen" Gedichte.[55]

Wie er im späten Faust zwar um die richtige Wiedergabe der kirchlichen Position bemüht ist, am Ende aber der Weltgeist dem Individuum die moralischen Entscheidungen überläßt, so geht es auch in diesen Gedichten vor allem darum, die Atmosphäre stilecht zu treffen. Zwei Gedichte begleiten entsprechende Zeichnungen, die im Stil den frommen Bildern Raffaels nahe stehen: „Hinter die Ruhe" und „Hinter die Flucht", Szenen aus der Flucht nach Ägypten.[56]

Das dritte Gedicht scheint zunächst ebenfalls zu einem Bild zu gehören: „Unter das Bild einer Madonna". Aber in einem anderen Zusammenhang heißt es „Lobgesang auf die Heilige Jungfrau Maria" und ist als Ausdruck der Volksfrömmigkeit in die Idylle „Der Christabend" von 1792 integriert.[57]

— Gedichte auf Personen. — Reflexion und Kritik

Bei Maler Müller werden nicht nur Personen der Zeitgeschichte oder Künstler Gegenstand von Gedichten. Es gibt auch genau datierbare Huldigungsgedichte an hochstehende Persönlichkeiten. Dazu gehören „Anrede in Rom [...]"

(Künstlerfest für Kronprinz Ludwig von Bayern 1818); „Auf das Geburths-Fest [...] des Königes von Bayern" (1819); „An den Kronprinzen von Baiern" (1820); „An den Herrn Graffen Ingenheim auf dessen Geburthstag" (1821).[58]

Erst in der Auseinandersetzung mit den Nachlaßgedichten wird man darauf aufmerksam, wie sehr sich bei Müller in den letzten zwei bis drei Jahrzehnten die kritische Komponente verstärkt. Die Beschäftigung mit Archäologie und Kunstwissenschaft sind für einen Kunstantiquar seines Ranges unerläßlich. Kritisches Urteil ist hier ebenso gefragt wie in Müllers Berichten und Rezensionen über Kunst.[59]

Da ihm Kunst und Wahrheit immer eins sind, werden sowohl ästhetische als auch ethische Fragen zum Gegenstand seiner Epigramme, Fabeln und Lehrgedichte.[60] Immer fühlt er sich provoziert von der Diskrepanz zwischen Schein und Sein, der prahlende Dilettant wird ebenso bloßgestellt wie der heuchelnde Moralist. Dabei richtet er den Blick nicht nur auf die Kunst, sondern auch auf Philosophie, Religion, Politik und Alltagsethik.

Müller wird gerne polemisch, vermag aber durchaus auch seine Position klar und prägnant zu formulieren, wie die folgenden Texte zeigen.

„An die Philanthropisten.

Wollt ihr in Wahrheit bessern die Menschen, ihr Philanthropisten,
Fanget, wir bitten euch schön, gleich mit euch selber doch an!
An die Menschenverbesserer.
Suchst du durch äußere Formeln den Menschen zu bessern, du irrest;
Nur aus dem Innern hervor läßt sich's erreichen mit Glück."[61]

Als Probe sollen diese Zeilen stehen für den im Grunde lebenslangen Versuch Maler Müllers, die praktischen Fehlentwicklungen der Aufklärung, ihren Leerlauf und ihre Beschneidung der Vitalität zu kritisieren, aber zugleich immer wieder auf ihrem humanen Kern zu insistieren.

Eine abschließende Bemerkung: Germanisten haben ja wenig Gelegenheit, in zentralen Epochen Entdeckungen zu machen. Maler Müller scheint hier mit seinem Gesamtwerk, seinem Briefwechsel und nicht zuletzt mit seiner Lyrik eine Ausnahme zu sein. Umfang der unveröffentlichten Materialien, Art der bisher kaum bekannten Thematik[62] und Qualität eines nicht geringen Teils seiner Gedichte fordern geradezu eine angemessene Ausgabe seiner gesamten Lyrik.[63]

Von diesen Blättern erscheinen wöchentlich 2 Nummern, Mittwoch und Sonnabend, welche gegen Erlag von 6 fl. vierteljährig, 12 fl. halbjährig für Einheimische im Schrämbl'schen Bücherverlage (Bischofgasse, No. 1181) und bei allen löblichen Postämtern gegen Erlag von 14 fl. halbjährig für Auswärtige zu bestellen sind. Auch wird in allen soliden Buchhandlungen der österreichischen Monarchie darauf Bestellung angenommen.

Sonnabend den  31. Oktober 1818.

Bruchstücke aus einem größern lyrischen Gedichte:
Harmonia, vom Maler Müller.*)

Du gießest huldreich, mütterlich,
Natur! aus vollem Horn den milden Segen;
So weit mein Aug' nur reicht, wohin es sich
Verlieret, nah und fern, auf allen Stegen,
Begegnet's deiner Liebe! hier unter
Dem Fuß das weiche Moos, dort oben dich
Belaubte Decke! woran ist's munter
Die kleinen Sänger hangen, zwitschernd mich
Umflattern; jenen Schmelz bethauter Wiesen,
Den Flora's Hand mit Blumen täglich stickt,
Mit Ambra-Duft behaucht, der immer neu erquickt —
Fühl' ich im wonnigen Ergießen,
Begeistert, selig außer mir entrückt.

O horcht! wie vom bemoosten Fels herunter,
Der Nymphen volle Krüge sprudelnd fallen

Durchs weite Thal zum See; an dem geschmückt
Gleich einem Bräutigam, sich setzt der Hügel blickt
Indeß am dunkeln Fuß die Silberwellen schallen.

Gleich Flocken, die aus Kronos Urne niederwallen,
Sinkt leicht ein silber Blüthenregen;
Zum Wasserfalle schimmernd hell;
Der frohe Bach trägt jetzt mit lauter Wellenschlägen
Durch Fluren seine Beute schnell.
Ach! alles vor mir eilt und wirret
In Freude weg; um Feld und Au
Summt Bien' und Hummel hort, der braune Käfer schwirret
Im Holze, die Libelle tanzt und irret,
Am Wasserspiegel grün und blau.
Hier, tief im Grase blinkt und scherzet
Die kleine Schöpfung, weiß und grau
Und gelb und roth geschmückt, am Leibesbau
Vollendet schön das Kleinste, spielt und herzet,
Und trägt sein Dasein froh zur Schau.

Wer leitet meinen Blick hinan?
Zerrissen nun die Binde; ha! ich stehe

---

*) Der Herausgeber des Janus legt ein großes Gewicht auf den poetischen Beitrag eines Mannes, den Deutschland mit Recht unter seine klassischen Dichter zählt. Die Kritik hat schon längst über ihn entschieden. Eben derselbe war ein sehr thätiger Mitarbeiter an dem Schlegel'schen Museum. Auch für die Zukunft hat Herr Maler Müller versprochen, den Janus mit seinen poetischen Gaben zu schmücken, denn ein Schmuck kann wohl heißen der Ausdruck einer wahren poetischen Grundnatur.

„Harmonia". Teilveröffentlichung im „Janus" 1818.

II. Die Überlieferung der Lyrik F. Müllers in Handschriften und Drucken

Diese Dokumentation gibt erstmals einen Überblick über alle Handschriften und Drucke der Lyrik Maler Müllers. — Zunächst werden die Hauptbestände der Handschriften in den verschiedenen Institutionen beschrieben, der Rest wird pauschal verzeichnet. — Anschließend sind alle textkritisch relevanten Drucke, Sammlungen und Einzelgedichte, zusammengestellt. Umfang und Bearbeitungsstand lassen eine alphabethische Aufstellung aller Gedichttitel und Gedichtanfänge nebst Angaben über Aufbewahrungsort, Druck und Themenzugehörigkeit an dieser Stelle nicht zu. Eine entsprechende Arbeitskartei ist allerdings vorhanden.

1. Handschriften

Frankfurt. Freies Deutsches Hochstift
Die acht Kästen mit Handschriften F. Müllers enthalten:
— Umfangreiche Sammlungen von Gedichten
Gedichtsammlung I — VI. (9217 — 9222. Kasten V).
Darin rund 360 Gedichte, Fassungen und Entwürfe. — ,,Kleine Gedichte zugeeignet dem Herrn Canonicus Gleim''. (5324. Kasten V). Darin rund 90 Gedichte usw. — Verschiedene Gedichte, Epigramme, Fabeln und Aufsatzfragmente. (12 733). Kasten VI). Darin rund 50 Gedichte usw.
— Lyrische Großformen
,,Der Riese Rodan''. (9199 — 9204. Kasten IV). Umfaßt 243 Seiten. Vgl. dazu Berliner Material und Druckfassungen. — ,,Zehn Lieder von der Liebe Rhins und Luitberta's Königs Geltars Tochter''. (9151 — 9155. Kasten I). Umfaßt 102 Seiten. Vgl. Druckfassung. — ,,Harmonia''. (9158 — 9161. Kasten I). Umfaßt 96 Seiten. (Drei Gesänge, nur einer gedruckt).
— Kleinere Sammlungen von Gedichten (Kasten V) 9225, 9233, 9234, 9237, 9259, 9266, 9268, 9277, 9296.
— Einzelgedichte
Es gibt zahlreiche Einzelgedichte mit eigener Handschriftennummer (Nachweis im Katalog des FDH). Gedichte sind gelegentlich auch in Briefen enthalten. —
Weiter sind die lyrischen Einlagen in Prosa und Drama zu beachten. Drucke davon sind in II 2.) aufgenommen. Hier soll nur auf ungedruckte Handschriften mit Einlagen hingewiesen werden.
Im Stück ,,Die Winde'' (9145) finden sich: ,,Genug nicht daß Sorgen''. — ,,Die Stände der Menschen''. — ,,Kennst du die Liebe''.
,,Das römische Kunstantiquariat'' (9156) enthält: ,,Einladung''. — ,,An die Wahrheit''. — ,,An Thekla''. — ,,Die Warnung, ein Sonett''.

Berlin. Staatsbibliothek Preußischer Kulturbesitz
(früher: Königliche Bibliothek)
Handschriften F. Müllers im Nachlaß Tieck, Kasten 35 — 38.

Die rund 80 Gedichte, Fassungen und Entwürfe sind bei Seuffert (1877) abgedruckt und in dieser Dokumentation bei den Drucken verzeichnet.
Die Handschrift „Golo und Genovefa" (Ms germ. fol. 1017, früher im Besitz von H. Hettner) enthält die lyrischen Einlagen dieses Dramas, wie sie bei der Druckfassung 1811 verzeichnet sind. Diese Berliner Fassung ist noch unveröffentlicht.
Weitere Institutionen (Hamburg, Krakau, München, Zürich)
— Hamburg. Staats- und Universitätsbibliothek.
„Auf die Schlacht bey Leipzig". (Literatur-Archiv 1886/1148).
— Krakau. Universitätsbibliothek Biblioteka Jagiellonska.
Die wenigen Seiten Maler-Müller-Handschriften, ursprünglich zum Berliner Material gehörig, enthalten vier Gedichttexte, über deren Zuschreibung und Zuordnung noch keine genauen Aussagen gemacht werden können.
— München. Geheimes Hausarchiv.
Zwölf Gedichte Müllers in einem Brief an Ludwig. (Ludwig I/90/1/4/). Druck bei Denk (1927).
— Weitere Einzelgedichte sind in Briefen in Streubesitz enthalten.

2. Drucke

Sammlungen

Diese Übersicht gibt die Kurztitel der textkritisch relevanten Sammlungen an. Bücher und Gedichte sind in der Chronologie der Einzelgedichte ausführlicher zu finden. M = Verweis auf die Maler-Müller-Bibliographie von F. Meyer.
Balladen. (1776). — M 25.
Werke. Band 2. (1811). — M 120.
Yorck (Hg.), Gedichte von Maler Friedrich Müller. (1873). — M 285.
Seuffert, Maler Müller. (1877). — M 307.
Sauer (Hg.), Stürmer und Dränger. (1883). — M 336.
Kohl (Hg.), Lyrische Gedichte des Malers Friedrich Müller. (1905). — M 424.
Denk (Hg.), Zehn unveröffentlichte Gedichte. (1927).
Die Ausgaben von Hettner (1868), Sauer (1883), Freye (1911) und Oeser (1918) enthalten keine Erstdrucke von Gedichten.

Einzelgedichte

Diese Zusammenstellung erfaßt alle Erstdrucke und einige weitere, textkritisch besonders wichtige Drucke in chronologischer Reihenfolge. M = Verweis auf die Maler-Müller-Biographie von F. Meyer. - Der Inhalt der Gedichtsammlungen bis zu Müllers Tod wird vollständig aufgelistet. Abdrucke und Hinweise stehen in runden Klammern. — Prosahymnen sind mit aufgenommen und stehen in eckigen Klammern.

Lied eines bluttrunknen Wodanadlers. Göttinger Musenalmanach 1774. — M 2.
An das Täubchen der Venus. — Amor und Venus. — Dithyrambe. Göttinger Musenalmanach 1775. — M 6.
,,Wie im lermenden Getümmel" (Eine Schilderung). — An Doris. — ,,Ich könnt ja niemals frieren..." — An die Liebesgötter. An Herrn K... in Mannheim. Schreibtafel. 2. Lieferung (1775). — M 7.
,,Der Winter kalt". — ,,Ausgespannt droben in den Wolken..." (Der Thron der Liebe). — ,,Die Nacht gar klar und lieblich ist". — (Pfalzgraf Friedrich). — ,,Kom schöne Galathee!". — ,,Hon wohl en gutes Mädgen ich". Die Schafschur (1775). — M 11.
Fragment eines Gedichts. Der Riese Rodan. — An meine Schatten-Quelle. — An den Frühling. Schreibtafel. 3. Lieferung (1775). — M 12.
,,Bacchus! Bacchus, wie soll ich dich singen". — [,,Ja, du sehr leerer Schlauch"]. — Gesang auf die Geburt des Bacchus. Bachidon und Milon. (1775). — M 13.
Der Wirth und die Gäste. — Gemälde aus dem Sommer. Schreibtafel. 4. Lieferung (1775). — M 17.
Klopstock. — Amor und Bachus. — Der rasende Geldar. — Freudenlied. — Nach Hahns Abschied. — Jägerlied. Göttinger Musenalmanach (Lauenburg) (1776) — M 19.
Das braune Fräulein. — Amor und seine Taube. — [Genovefa im Thurme]. — Soldaten Abschied. — [Amors Schlafstund]. Balladen. (1776). — M 25.
[Das Heidelberger Schloß]. — Der Riese Rodan. — Der schöne Tag. — Lied. Schreibtafel. 5. Lieferung (1776). — M 27.
Verlangen und Sehnsucht. Deutsche Chronik 3 (1776). — M 34.
[Hymne Adams auf Gott]. — [Preis der Sonne]. — [Preis des Schöpfers]. Adams erstes Erwachen (1778). —M 44.
[Creutznach]. — Einem reisenden Mahler ins Stammbuch geschrieben. Schreibtafel. 6. Lieferung (1778). — M 45.
,,Hat Zeus geöffnet". — ,,Erbarmet euch der Unschuldigen". Niobe (1778). — M 56.
,,Leuchte, leuchte sanft hernieder". — Fausts Leben, dramatisiert. (1778). — M 57.
Amynt an Mirons Grabe. — Auf Amors Köcher. — Der Riese Rodan. - Unter Michel Angelo's Bildniß. — Natur. Göttinger Musenalmanach 1792. — M 90.
Der Mahler. Göttinger Musenalmanach 1796. — M 94.
Schlummerlied für Amor. Matthison, Lyrische Anthologie (1805). — Alle sieben aufgenommenen Gedichte sind von Matthison überarbeitet. Der oben genannte Titel ist nur in dieser Fassung erhalten, der Rest schon früher gedruckt. — M 106.
,,Wo irrt ich um den Muschelstrand". Ulrich von Coßheim. In: Werke, Band 1 (1811). — M 119. Vgl. M 34.

,,Der Hab' ich gern denkt Ränk' und List". — ,,Sollt Wollen und Wünschen wirklich werden". — ,,Wenn ein Esel den andern ehrwürdig schilt". — ,,Hänsle, lern' mir nicht zu viel". — ,,Laß dir raten, liebes Kind". — ,,Tränk einer Wein aus Malaga". — ,,Kein Mensch und auch kein Thier ich bin". — ,,Einem Jeden gefällt seine Reise so wohl". — ,,Amors verlohrner Köcher im Schnee". — ,,Mir ist oft so hämisch, so dämisch und dumm". — ,,Crispins philosophisch-heldenmäßiger Entschluß oder Melinens und Leanders Rendesvous". — Das Nußkernen. In: Werke, Band 1 (1811). — M 119.
(Der Riese Rodan). — (Lied eines bluttrunknen Wodanadlers). — (Der rasende Geldar). — (Das braune Fräulein). — Anna von Trauteneck bey Ritter Golos Grab. — (Soldaten-Abschied). — (Gesang auf die Geburt des Bacchus). — (Amor und Bacchus). — (Dithyrambe). — (An die Taube der Venus). — (Lied). — (Amor und seine Taube). — [[Amors Schlafstunde]]. — Die zwey Amorinen. — Die Trinkschaale. — An Nemesis. — (Gemälde aus dem Sommer). — (Der schöne Tag. — (An den Frühling). — (Jägerlied). — (Freudenlied). — (Musarion). — Die Erle und die Ceder. — Orpheus-Klopstock. — (An die Liebesgötter). — (Natur). — Bereits früher gedruckte Titel stehen in Klammern. Mahler Müllers Werke. 2. Band (1811). — M 120.
,,Stille dich an sanften Klagen". — ,,Mein Grab sey unter Weiden". — ,,An Berg und Hügel hin". — ,,Was hielt noch den Himmel". — ,,Was hüpft und geht". — ,,Borg Flügel vom Wind". — ,,Klarer Liebesstern". — ,,Der Baum sonst kühlen Schatten gab". — ,,Ach, süßes Glück der Liebe". — ,,Viel lieber wollt' nicht leben". — ,,Auf's sichre Nest kein Vogel geht". — ,,Ach hier wo sich mein Herz verlor". — ,,Schlummre, schlummre immer zu". — ,,Zerschmettern soll, hier schwing ich ihn". — ,,So laßt uns all' jagen, uns jagen und jagen".
Golo und Genovefa. In: Mahler Müllers Werke, 3. Band. (1811). — M 121. — Vgl. auch M 115.
Der Käfer und der Schmetterling. — Kalid und Vala. Eine Mohrenballade. — Die Königswahl. Heidelberger Taschenbuch auf das Jahr 1812. — M 126.
Skolie. — Die Königswahl. — An Hymen, der Fortunens Füllhorn trägt. — Am Eingange des Thals, wo Herrmann den Varus schlug. Cornelia. Taschenbuch für Deutsche Frauen. 1816. — M 136.
Raphael. — Cornelia. 1817. — M 139.
Harmonia. Janus. (1818). — M 146—147.
Der Wallfisch und der Gründling, eine Fabel. Janus. (1819). — M 148.
Lobgesang auf Rom. Janus (1819). — M 149.
Auf Lessings Tod. Morgenblatt (1820). — M 154.
Zehn Lieder von der Liebe Rhins und Luitberta's König Geltas Tochter. Morgenblatt (1820). — M 156—158, 160, 161, 163, 164, 166, 167, 169.
Maler Müllers Grabschrift. Morgenblatt (1820). — M 168.
Auf Raphaels Gemälde in der Farnesina. Morgenblatt (1821). — M 171.
,,Lieblicher Morgen". — ,,Erfreulich das Jagen". — ,,Fröhlich Behagen". —

,,Wir Schützen begrüßen die Göttin der Jagd". — ,,Frisch auf, frisch auf!" — ,,Wir, Dienerinnen des Schicksals". — ,,Unter den Küssen". — ,,So schmückt die zarte Turteltaube". — ,,Gieß, o gieße, Schlummer". — ,,Nacht, die du mit Sternenaugen". — ,,O welche bange Leiden". — ,,O welchen Jammer" — ,,Die Tugend nur winkt hoch über dem Grab". — ,,Du sinkest schon unter, o liebliche Sonne". — ,,Durch die Gefilde des Himmels". — ,,Süß blutet am Busen der Flora die Rose". — ,,Vollendet war der Muse leichtes Spiel". Adonis, die klagende Venus, Venus Urania. (1825). — M 179.
,,Wandrer der du setzest". — Adar und Zilla. — (Calid und Vala). Der hohe Ausspruch. (1825). — M 180.
,,Dir hat Mutter Natur, o trefflichster Sänger! geöffnet ..." (Gedicht auf Ladislaus Pyrker. [Harmonia?]). Wiener Zeitschrift für Kunst, Literatur, Theater und Mode (1826). — M 188.
Unter das Bild einer Madonna. — Unter eine Zeichnung, die heilige Familie auf der Flucht darstellend. — Unter ein Gegenstück dazu, die Ruhe auf der Flucht darstellend. — Auf die Gemälde von Raphael in der Farnesina. — Die Schildkröte und die Ratte. Eine Fabel. — Auf Moses Mendelssohns Tod. — Auf die Pucelle d'Orleans von Voltaire. — Patriotisches Lied am Christabend. — Serenade. — Trinklied deutscher Künstler in Rom. — Monte Citorio. — An einen Künstler. — Die Halbkünstler. — Unter Michel Angelo's Bildniß. — Trinklied. — An den Kronprinzen von Baiern. — Shakespeare und Michel Angelo. — Genius. — Mystik. — Der Forscher und die Weisheit. — Auf die Leier des Orpheus. — Der seraphische Dichter. — Der Maler X. — Auf Lessing's Tod. — Die Zeugen. — Lied. — Die drei Augen. — Gebet. — Bitte. — Vorschrift. — Der Jüngling und der Waffenhändler. — Weltlauf. — Aufgeschaut! — Ansicht. — Weltverbesserer. — An die Menschenverbesserer. — An die Philanthropisten. — Erfahrungssatz. — Rath. — Billigung. — Der Demokrat. — An die Demokraten. — Sansculotte. — Der Ausschluß. — England. — Der Brite. — Ueber den Briten. — [Das Heidelberger Schloß]. Reliquien von Maler Müller. Aus dessen ungedrucktem Nachlaß. [Hg.: W. O. von Horn, d.i. Wilhelm Oertel]. Frankfurter Konversationsblatt (1848 bis 1849). — M 219—225, 227, 228.
,,Sei freudig, liebes Pettergen, du weißt nichts von dem Tage". — Weitere, bereits gedruckte Gedichte. Götz, Geliebte Schatten. (1858). — M 242—243.
,,O Vater aller Lust und Freud". — ,,Bacchus ist stärker". Yorck, Gedichte von Maler Friedrich Müller. Eine Nachlese zu dessen Werken. (1873). — M 285. Yorck sammelt 73 Gedichte, die nicht in der Werkausgabe von 1811 zu finden sind. Aber nur die beiden genannten Titel sind Erstdrucke.
Auf die Schlacht bei Leipzig. Die Gegenwart (1873). — M 287.
Wechselgesang. — Thyrsis. — Eine Schilderung. — Der lustige Amor. — Der junge Künstler. — Amor und seine Taube. — Ode. — An die Sonne. — Ode. — Kaiser Heinrich des IV. Schlaflied. — An Ossian. — Shakespeare. — Dithyrambus. — Der Walfisch. — An den Jüngling, welcher die Demokratie

schwört. Archiv für Litteraturgeschichte (1874). — M 290.
Ode an Klopstock. — Barden Ode. — Fragment Rudhart. — Der Riese Rodan (Verschiedene Texte). — Achilles Lied. — Jäger Ode. — Strombachs Lied. — Ode an ein Gebürg. — An die Sonne. Ode. — Ode. — Ode. — Ode. — Ode. — Ueber Minnas Abschied. Ode. — Eine kleine Quelle. — An die Quelle. — Fragment („Du klarer quell von Blumen rings umschattet"). — Fragment („Freund, du hörst nicht die hellen"). — An den Bach. — Lied an die Schwalbe. — An den Spatzen. — Der Spatz. — An Cloe. — Cloe.— Cloe. — Fragmente („Sendet eure blitze nach, ihr Götter"). — Ballade. — An die Bluhmen. — Dapfnis an seinen Freund lycon. — Dafnis. — Das verlohrene Lämgen. Ballade. — Der Frühling und Flora. — Lied. — Galathee. — Fragment („Sanft, vom süßen lied bezwungen"). — Fragment („In den Knospen ihrer Wangen"). — Des Morgen Dämmrung. — Der lustige amor. — Dianens Ruf. — Ein Gemäld. — Bacchus und Venus. — Amor. Hymnus. — Amor. — Amor. — Amor und seine Taube. — Der Thron der Liebe. — Adelheit. — An Amor. — Lied. — Lied. —
Fragmente („wie winde saußen schwer"/„zwar bitter ist,,/"Die ihr in nächtlichem Dunkel"/„Frankreichs edelste Söhne"). — Liedgens materie auf eine raupe. — An Lottgens Hündgen. — An Lottgen. — Liedgen. — Materie eines Liedgens. — Andre Materie eines Liedes. — Lied. — Fragment von einer Ballade. — Ballade. — Romantze. — Romanze vom Pfalzgrafen Friedrich. — Ballade. — Ballade. Fragment. — Das braune Fräulein. — Ballade. — Ritters Ballade. — Lied eines Minesängers. — Ballade, Materie. — Genovefa, Ballade. — Pfalzgraf. — Anfang einer Ballade. — Der Knabe. — Lied der tieger vor Bacchus Wagen. — An die Brüder. — Ritter Lips.
Seuffert, Maler Müller. (1877). — M 307.
„Bild für meine Seel erschaffen". Könnecke, Bilderatlas zur deutschen Nationallitteratur. 2. A. (1895). — M 377.
Der Büffel und der Auerochs. — Der Iltis und der Kater. — Die Drossel und der Vogler. — Die Störche und der Wiedhopf. — Maria. — An Deutschland. Kohl, Lyrische Gedichte des Malers Friedrich Müller. In Auswahl. (1905). — M 424. Von den 57 Titeln waren nur die oben genannten Gedichte vorher ungedruckt.
„Grühner Obelisk, Cipresse!". — „Welch Entzücken". — „Halleluja, Halleluja!" — „Christi Reich ist nicht von dieser Erde". — „Singet ihr Himmel, jauchze o Erde". — „Du aller Frauen Glanz und Zier" — „Erneue deinen Seegen heut, o Herr und steige" ( = Patriotisches Lied am Christabend). Der Christabend. In: Otto Heuer (Hg.), Mahler Müllers Idyllen. Leipzig 1914, Band 2, S. 151 — 250.
An Lavater. — Zueignung. — Maria. — Aufschrift auf die Glyptothek in München. — Das Brandenburger Tor zu Berlin. — Harmonie. — An Melinde. — Der neue schlaue Ritter. — Lehre. — Der Fuchs und der Hamster. Ferdinand Denk: Zehn unveröffentlichte Gedichte von Maler Müller (1749 — 1825). In: Volk und Heimat 3 (1927) Nr. 17 (5. 9. 1927) S. 4 — 5.

Anmerkungen

1. Dem Bezirksverband Pfalz ist für die finanzielle Förderung aller Vorarbeiten für eine Maler-Müller-Ausgabe zu danken. Für neue Mäzene bietet sich zum Beispiel ein Band mit sämtlichen Gedichten Müllers an.
2. Urteile über literarische Abhängigkeiten werden allerdings erst nach weiterer Bearbeitung möglich. — In einem kleinen Teilbereich, nämlich bei den Editionsvorbereitungen zu den „Kleinen Gedichten", gab es eine intensive Zusammenarbeit mit Herrn Walter Hettche; ansonsten hat der Verfasser bisher weitgehend allein an der Lyrik gearbeitet.
3. Bernhard Seuffert: Maler Müller. Berlin 1877. — Im Anhang S. 295-630 Abdruck des Berliner Materials.
4. Walther Renwanz: Maler Müllers Lyrik und Balladendichtung. Phil. Diss. Greifswald 1922 (Masch.).
5. Vgl. R. Paulus: Maler-Müller-Handschriften. In: Maler-Müller-Almanach 1983, S. 75-81. — J. Behrens u. a.: Freies Deutsches Hochstift — Frankfurter Goethe-Museum. Katalog der Handschriften. Tübingen 1982, S. 76-79. — Enthält im Verzeichnis der Gedichttitel einige Lesefehler.
6. Es können selbstverständlich nur die wichtigsten Gedichte genannt werden. Verstärkt wird auf bisher unveröffentlichte Texte hingewiesen.
Christoph Perels: Maler Müllers „Iphigenia". Zum Spielraum der Antike-Rezeption in der Goethezeit. In: Jahrbuch des Freien Deutschen Hochstifts 1984, S. 157—197.
7. Im folgenden werden nur die Handschriften und postume Drucke in Anmerkungen nachgewiesen; zu Lebzeiten Müllers gedruckten Gedichten wird im Text das Erscheinungsjahr zugesetzt.
8. FDH 5324. — Vgl. dazu den Aufsatz von G. Sauder in diesem Almanach.
9. Gedruckt bei F. Götz: Geliebte Schatten. Mannheim 1858, S. 19 — 20.
10. FDH 2365. An Chr. Kaufmann. Druck bei Karl von Holtei (Hg.), Dreihundert Briefe aus zwei Jahrhunderten. Erster Band, Erster Teil. II. Hannover 1872, S. 186.
11. Dazu paßt die Beobachtung von Renwanz (S. 172), der eine Handschrift im Berliner Material als Abschrift früherer Texte, also vermutlich derjenigen, die Müller noch weiter wichtig erschienen, bezeichnet.
12. Almanache auf ein bestimmtes Jahr erscheinen oft schon Ende des vorhergehenden Jahres, wie z. B. aus Besprechungen zu ersehen ist. Rechnet man Manuskriptabgabe und Druckvorbereitungen, kommt man auf Mitte 1773 als spätestes Entstehungsdatum.
13. Stilmischung, Verletzung des Kostüms kann sehr bewußt angestrebt sein. Zur Idylle „Bacchidon und Milon" schreibt Müller 1775, daß er ein Capriccio geben wollte, und in dieser antiken Idylle den „Satyr sowohl als den Schäfer, in Mützen rheinländischer Bauren" aufführe.
14. Vgl. zur Biographie B. Seuffert und die Ergebnisse der neueren Forschung, die zahlreiche Korrekturen dazu bringen. So auch die Chronik in diesem Almanach.
15. Vgl. die kleine Auswahl entsprechender Texte in diesem Almanach.
16. — 17. Druck bei B. Seuffert, Maler Müller, Berlin 1877. S. 448—452; S. 367.
18. — 19. Druck bei Karl Weinhold (1874), S. 522; S. 521 — 522. Dazu Seuffert, S. 327.
20. — 22. Druck bei Seuffert, S. 457; 329 — 330; 369 — 370. Die hier angelegte Naturauffassung findet sich auch in „Ode an ein Gebürg" (S. 370) und „An die Sonne. Ode" (S. 370).
23. Drucke: 1775 in der Schreibtafel, 1776 in der Schreibtafel.
Bei Seuffert (S. 333 — 367) zwei Entwürfe der Mannheimer Zeit, davon die opernhafte Fassung wohl etwas später. —
Handschriften: FDH 9199 — 9204. Der Riese Rodan. 9 Gesänge. Unvollendete Neufassung um 1813, da Müller die alte Fassung mit dem Mannheimer Koffer verloren glaubte. —
Bei seiner Definition des Gattungsbegriffs „Ballade" analysiert H. Laufhütte Maler Müllers Gedicht „Der rasende Geldar" und kommt zu dem Ergebnis, daß es keine Ballade im engeren Sinne ist. Hartmut Laufhütte: Die deutsche Kunstballade. Grundlegung einer Gattungsgeschichte. Heidelberg 1979, S. 348 — 349.
24. Vgl. dazu den Aufsatz von G. Kolter: Ein munterer Verwandlungskünstler. In: Maler-Müller-Almanach 1983, S, 33 — 35.
25. Den Weg von der Imitation über die Identifikation zur Satire und Kritik haben auch andere Sturm-und-Drang-Autoren sehr rasch zurückgelegt.
Bei Müller findet sich zum Beispiel im „Nuß-Kernen" (Reclam, S. 137 — 153) eine Parodie: „Crispins philosophisch-heldenmäßiger Entschluß, oder Melinens und Leanders Rendesvous". — Vergleiche auch die scharfe Kritik Müllers an Gessner (in der Schafschur), die er später reumütig zurücknimmt (Anmerkung zu „Trauergesang auf Lycons Tod").
26. Wie eine Opernszene wirkt „Amors Schlafstund" in der Sammlung „Balladen" von 1776.
27. Alle: FDH 5324.
28. Abgedruckt im Archiv für Litteraturgeschichte (1874), S. 515 — 517.
29. Vgl. R. Paulus: Maler Müllers Drama „Golo und Genovefa". In: Maler-Müller-Almanach 1983, S. 49 — 65.
30. Die weiteren Titel in der Dokumentation (Drucke 1811).

31. Edward Schröder: Maler Müllers große Liebesode. In: Nachrichten von der Königlichen Gesellschaft der Wissenschaften zu Göttingen. Philologisch-historische Klasse aus dem Jahre 1908, Heft 5. Berlin 1908, S. 561 — 570.
32. W. Killy: Elemente der Lyrik. München 1972, S. 120 — 123.
33. Den Koffer hatte Ludwig Tieck an sich genommen, weil er eine Ausgabe der Werke Maler Müllers plante. Diese wurde dann von Georg Anton Batt verwirklicht. Manuskripte, die für die Ausgabe verwendet worden sind, gab Batt an Müller zurück. Der Rest kam mit Tiecke Nachlaß an die Königliche Bibliothek in Berlin.
34. Renwanz kannte das Frankfurter Handschriftenmaterial nicht, und kommt zu ganz abwegigen Urteilen: ,,Die dritte Periode, die Zeit von Müllers Aufenthalt in Rom von 1778 bis zu seinem Tode im Jahre 1825, ist durch die katholisierende, reflektierende, leise im Zeichen der Romantik stehende Dichtungsart von den ersten beiden Abschnitten getrennt. Müller erkennt seine Ohnmacht als Dichter und entsagt der lyrischen Dichtung'' (S. 24).
35. Seuffert, S. 79.
36. Die Schreibweise der Titel ist hier modernisiert, weil oft mehrere Fassungen vorhanden sind.
   I FDH 9223; FDH 12 733. — Möglicherweise noch 1778 in Mannheim geschrieben oder später in Rom. 1783 besucht Carl Theodor Rom.
   II Zahlreiche Handschrifte I. Druck 1820. — Nach Müllers Angaben 1781 und um 1791 geschrieben.
   III Wichtigste Handschriften: FDH 9241; FDH 12 733. — Vermutlich um 1791 geschrieben. 1779/80 entstanden.
   IV FDH 9222; FDH 12 733. — Abweichung vom Druck 1775.
   V Mehrere Fassungen in FDH 9217 und FDH 9222. — Druck 1849. — Gehört thematisch zum Umkreis von ,,Stoa'' und ist vermutlich um 1779/80 entstanden.
   VI FDH 12 733. — Druck 1775.
   VII FDH 9221; FDH 12 733. — Wohl frühestens Anfang der 1780er Jahre entstanden.
   VIII FDH 9221; FDH 12 733. — Nach 1779.
   IX FDH 9221; FDH 9222; FDH 12 733. — Die Sängerin Danzy war 1787 in Neapel.
   X Wichtigste Handschrift: FDH 9221. — Gessner ist 1788 gestorben.
37. ,,Stoa'' umfaßt rund 250 Zeilen. — Ähnlich in Thema und Stil ist das 1811 in der Werkausgabe gedruckte Gedicht ,,An Nemesis''. — Gleich in seiner ersten Zeit in Rom fühlte sich Müller verleumdet und machte vor allem den Rat Reiffenstein dafür verantwortlich. — Zitat nach FDH 12 733.
38. Es ist der Kurfürst Carl Theodor (Pfalz, dann Bayern) gemeint, nicht Carl Theodor Dalberg, der Fürstbischof, wie im Frankfurter Material angegeben wird.
39. Ueber Lessings Tod. In: Morgenblatt für gebildete Stände (Stuttgart) Nr. 49 (26. 2. 1820) S. 193 — 194.
40. FDH 12 733
41. FDH 9244; FDH 9217
42. W. Schlegel: Friedrich Müllers politische Grundauffassung in seinen Gedichten zur Zeit, S. 5.
43. Alle: FDH 9217 u. a.
44. Alle: FDH 9217.
45. Chr. D. Schubarts Gedichte. Hg. v. Gustav Hauff. Leipzig o. J.|1884|, S. 188 — 189. — Selbst in Bürgers ,,Münchhausen'' wird Oczakow als bekannter Schauplatz einbezogen; ,,Einst. als wir die Türken in Oczakow hineintrieben |...|.''
   Hier passiert die kuriose Geschichte mit dem halbierten Pferd, das nicht mehr zu saufen aufhört.
46. FDH 9217.
47. Wichtigste Handschriften: FDH 9158—9161; FDH 9229. — Teildruck 1818.
48. Zacharias Werner spricht 1810 von vier Teilen, der Mythologie, den Dichtern Homer und Shakespeare, im dritten fehlenden Teil weitere Künstler, der vierte Teil stelle den Bezug auf Müller selbst her. (Nach Seuffert, S. 70 — 71). — Es scheint mir nicht ausgeschlossen, daß das Gedicht ,,Poesie und Mahlerei'' zum Umkreis dieses vierten Teils von ,,Harmonia'' gehört.
49. Vgl. die entsprechenden Texte bei Seuffert, S. 563 — 568.
50. Neben den später genannten Titeln sind noch zu erwähnen: ,,Moscau'' FDH 9217 u. öfter; ,,An Franckreichs Mütter unter Napoleons Regierung'' FDH 9217 u. öfter; ,,Murat'' FDH 9258.
51. Müllers Abneigung gegen die praktischen Folgen der französichen Revolution ist sicher aus seiner positiven Haltung dem Ideal eines aufgeklärten Fürsten und Hofes gegenüber auf der einen Seite und seiner demütigenden zeitweisen Verbannung aus Rom durch die französischen Truppen im Jahre 1798 zu erklären.
52. Druck 1849.
53. FDH 9218 u. öfter.
54. Druck 1873; FDH 9218; FDH 9217 u. öfter.
55. Zur Konversion gibt es gegensätzliche zeitgenössische Stimmen. In schwerer Krankheit (1779/80) ist Müller katholisch geworden, vielleicht auch katholisch gemacht worden. Er ist aber deshalb noch lange kein gläubiger Katholik geworden. (Freimaurer!).

56. Drucktitel 1848 (nicht von Müller): ,,Unter eine Zeichnung, die heilige Familie auf der Flucht darstellend'' — ,,Unter ein Gegenstück dazu, die Ruhe auf der Flucht darstellend''. — Vgl. dazu den Aufsatz von I. Sattel Bernardini in diesem Almanach.
57. Der Christabend. In: Mahler Müller, Idyllen. Hg. von Otto Heuer. Leipzig 1914. 3. Band, S. 151 — 250. (Lobgesang) S. 230 — 231. — Vgl. auch das Gedicht ,,Maria'' (Druck 1927).
58. Druck 1818. — FDH 9239. — Druck 1849. — FDH 9252 u. öfter.
59. Neben einem Schreiben über Kotzebue (1807) Aufsätze für Die Horen (1797), Deutsches Museum (1812/13), Heidelbergische Jahrbücher (1816) sowie das Morgenblatt (1820 ff.).
60. Vgl. die kleine Auswahl von Texten in diesem Almanach. —
Die weitere Auswertung der Briefe dürfte auch für die Lyrik noch einige Aufschlüsse bringen. So stieß ich zum Beispiel nach Abschluß des Aufsatzes auf Müllers eigenes Vorhaben einer ,,Sammlung von meinen kleineren, zerstreuten, gedruckten und ungedruckten Gedichten''. Im Brief vom 26. 12. 1823 an Ludwig (Geheimes Hausarchiv München, Ludwig I 90/1/4) spricht er davon, daß er ihm ein Bändchen widmen wolle, das aus ,,Liedern, Fabeln, Auffschriften, Epigrammen und Distichen bestehen soll''. Ludwig nimmt an!
61. Beide: Druck 1849.
62. Nach dem chronologischen Überblick wäre eine Darstellung nach Themengruppen sehr reizvoll, zumal sie wesentlich über das bisher Bekannte hinausgehen müßte.
Eine sehr große Gruppe könnte man unter dem Oberbegriff ,,Lebensfreude'' zusammenfassen, mit den Einzelaspekten Natur, Geselligkeit, Wein, Freundschaft, Liebe. Dies sind in erster Linie die Themen der anakreontischen Lyrik, aber manches zieht sich, wie die gesellige Lyrik, durchs ganze Lebenswerk. Ebenso greift Müller das Thema Kunst und Künstler immer wieder auf. Sind es anfangs oft begeisterte Hymnen auf Vorbilder und Freunde, so findet man später eher kunsttheoretische Gedankenlyrik und spöttische Angriffe in lyrischer Form.
Eine weitere Gruppe enthält Texte zur Geschichte und Zeitgedichte, vor allem im mittleren und späten Werk. Man denke an die ,,Monumente unserer Zeit'' sowie an die französische Revolution und ihre Folgen, an Napoleon und an die Befreiungskriege.
Reflexion und Kritik treten ebenfalls verstärkt erst in späteren Werk hervor. Vom Lehrgedicht über Versfabel und Epigramm reichen die Formen, in denen Müller auf seine Weise die Traditionen der Aufklärung fortführt.
Von den Gelegenheitsgedichten, die sich meist auf Personen oder gesellschaftliche Ereignisse beziehen, kann man durchaus solche Gedichte abgrenzen, die Persönliches enthalten. Skepsis gegenüber einer Interpretation als autobiographische Dokumente ist angebracht, aber der Anteil persönlicher Substanz ist höher als sonst. Man denke zum Beispiel an die Odensammlung.
Renwanz (1922), S. 98 — 143, kennt als Hauptmotive nur Freundschaft, Liebe, Wein, Natur, Religion, Vaterland.
63. Die praktischen Probleme einer Edition, vor allem die Transkription, die Bestimmung des Verhältnisses der einzelnen Textzeugen zueinander und die Datierung sind nicht einfach, erscheinen aber durchaus lösbar.

Literatur:
Die wichtigste Literatur speziell zu Müllers Lyrik ist in den Anmerkungen 3 (Seuffert), 4 (Renwanz), 5 (Katalog Frankfurt), 31 (Schröder) und 32 (Killy) genannt. — Textsammlungen sind in der Dokumentation im Abschnitt Drucke/Sammlungen verzeichnet.

*Faune und Nymphen (Bacchantische Szene). Mannheimer Zeit. Radierung.*

# Gerhard Sauder
# Maler Müllers „Kleine Gedichte zugeeignet dem H. Canonicus Gleim"

Über die ersten Schreibübungen des jungen Müller ist wenig bekannt. Von seinen frühen Gedichten hat er selbst kaum eines der Veröffentlichung für wert gefunden. Doch ist eine Sammlung aus der Zweibrücker Zeit erhalten geblieben, die vom „Freien Deutschen Hochstift" in Frankfurt im Jahre 1926 aus dem Antiquariatshandel erworben wurde.[1] Das Heft mit den „Kleinen Gedichten" befand sich also nicht im Nachlaß Müllers, den das Hochstift 1904 in Leipzig ersteigerte.[2]

Es handelt sich um ein Oktavheft mit einem Umschlag aus Buntpapier (Blumendekor) und 43 Blättern — auch die beiden Umschlagblätter sind rückseitig beschrieben.[3] Von den insgesamt 89 Gedichten — darunter befinden sich auch Entwürfe — wurden bisher 16 gedruckt.[4] Die Druckfassungen stellen meist Überarbeitungen dar und tragen oft auch abweichende Titel. Daß die von einem Archivar des Hochstifts mutmaßlich vorgenommene Datierung der Sammlung auf 1778 nicht stichhaltig ist, wird später zu begründen sein.

Offensichtlich wurde diese Gedichtsammlung nicht „komponiert". Ohne Mühe hätten sich motivverwandte Gedichte zusammenschließen lassen. Das Heft diente Müller wohl dazu, fertige und meist auch ausgefeilte Gedichte in Reinschrift zu besitzen. Doch hat er während der Abschrift manche Formulierung, Zeile oder Strophe erneut verworfen und nach einer anderen Ausdrucksform gesucht.

Der Titel der Sammlung — „Kleine Gedichte" — ist metaphorisch zu verstehen: Selbst vielstrophige Gebilde konnten nach der Terminologie der Rokokodichtung als „kleine" gelten, kam es dabei doch nicht auf den Umfang, sondern die Qualität des „Kleinen", Zierlichen, Tändelnden, Scherzhaften im Gegensatz zum erhabenen Schwung der Ode und ihrer thematischen „Größe" an. Der Adressat der Sammlung, Johann Wilhelm Ludwig Gleim (1719-1803), war seit 1756 Kanonikus des zu Halberstadt gehörenden Stiftes Walbeck und lebte als Domsekretär in Halberstadt. Durch seine Lyrik, die im „Versuch in Scherzhaften Liedern" (I/II, 1744/45), in den „Lieder(n)" (1749) und mehreren Gedichtsammlungen „nach dem Anakreon" in den ausgehenden sechziger Jahren veröffentlicht worden war und der jüngeren Generation als vorbildlich galt, erwarb er sich den Ruhm eines „deutschen Anakreon". Seine zahlreichen Freundschaften mit Schriftstellern, seine vielfältigen Beziehungen im deutschsprachigen Raum ermöglichten ihm die Patronage für viele junge Talente. Doch erschöpften sich die Anregungen Gleims für die jungen Dichter meist nach wenigen Jahren, so daß sie bald aus der Obhut des „Dichtervaters" flüchteten: so z. B. Friedrich Georg Jacobi und Wilhelm Heinse.

F. Müller und J. W. L. Gleim über den ,,Schmerlenbach''

Müller hat seinen Plan nicht verwirklicht, die Gedichtsammlung an Gleim zu schicken oder sie gar, nach dessen Annahme der Widmung, drucken zu lassen. Es wäre falsch, aus der Widmung schließen zu wollen, der junge Müller habe sich nur Gleims Gedichte als Vorbild ausgewählt. Hoffnung auf Protektion dürfte sein Hauptmotiv gewesen sein. Gewiß lassen sich zahlreiche Parallelen nachweisen. Doch finden sich meist auch in den Werken anderer ,,Anakreontiker'', etwa bei Uz, Götz, bei Hagedorn und Ewald von Kleist entsprechende Motiv- und Formverwandtschaften. Die Dichtung des Rokoko war das letzte ,,System'' einer Dichtkunst, die mit einer nicht allzu großen Zahl von Vorbildern, Motiven und Formen erlernbar, konventionalisiert und damit beliebig variierbar und nachahmbar war. Wie schwierig es in dieser Phase der Lyrikgeschichte ist, zwischen Nachahmung und relativer Selbständigkeit zu unterscheiden, zeigt der Vergleich zwischen Gleims Gedicht ,,An die Goldbache'', zuerst erschienen in ,,Lieder'' (Amsterdam [= Halberstadt] 1749, S. 39), und Müllers Gedicht ,,An den Schmerlenbach'' (Hs. S. 28 r):

An die Goldbache

Ich liebe dich, dich kleinen Schmerlenbach!
Ich höre gern dein murmelndes Geschwätze,
Und sehe gern den kleinen Wellen nach,
Wenn ich, ermattet von der Jagd,
Mich auf dein weiches Ufer setze.
Ich schöpfe gern dein Naß
In mein crystallnes Glas,
Um meinen Gaumen zu erfrischen;
Es löscht den Durst auch leicht, allein
Mein lieber Bach, mit meinem Wein
Muß es sich nicht vermischen!

Das elfzeilige Gedicht mit einer nach dem Vorbild der ,,vers libres'' freien Zeilenlänge und Reimfolge evoziert mit knappen Mitteln akustische und optische Wahrnehmungen (,,höre gern'', ,,sehe gern''), um in der zweiten Hälfte den Vergleich Wasser-Wein vorzubereiten. Damit ist die Annäherung an eines der zentralen Motive der anakreontischen Lyrik vollzogen, doch kein anakreontisches Gedicht entstanden, das zumindest reimlos sein müßte und das moderne Requisit des ,,crystallnen Glases'' nicht vertrüge.

Müllers Gedicht ,,An den Schmerlenbach'' umfaßt 29 Zeilen, die in ihrer Länge und Reimstellung wie in Gleims Gedicht frei sind.

> An den Schmerlenbach
> der du wenn kumer offt mein Hertz gedrücket
> mich vor dem deinen lieben gast
> So offt an diesem Uffer weinen sahst
> Mit deinem süßen Murmel mich erquicket
> und meinen Schmertz und meine Last
> dann brüderlich mit mir getheilet hast
> der du auch offt mich glücklich sahst
> Mich in dem Himel süßer Freud entzücket
> Wenn meine Cloe in dem graß
> Bey mir an deinen Wellen saß
> Und ich sie an mein Hertz gedrücket
> Mit meinem Aug von Wollusts tränen naß
> In deine Silber Fluth geblickt
> Und aller aller Welt vergaß
> der du mich offt einsidlerisch erblicket
> Wenn ich der schweren lieb vergaß
> Nach dir und meinem hellen glaß
> Und Flasche gantz allein mein glücke maß
> Bald lieder sang bald blümger abgepflücket
> Die ich zu einem kräntzgen laß
> Womit ich Flasch und glaß geschmücket
> Und unter dieser Arbeit und gesang
> Und deinem plätschren eingenicket
> Oft liebe gantze Stunden lang
> Kurtz du mein Freund mein tröster mein vertrauter
> Gelibter süßer Schmerlenbach
> Komm wiege noch einmal mit freundlichem geblauder
> Mich greißen nun vom last der jahre schwach
> In einen süßen jugend Schlumer gantz gemach.[5]

Müller hat die Befindlichkeit des sprechenden Ich bei Gleim („ermattet von der Jagd") metaphorisch entfaltet, so daß die Reflexionen am Schmerlenbach zu einer Lebensretrospektive aus der Sicht des Greisenalters (vgl. Schluß) ausgedehnt werden. Die Gleimsche Knappheit der Naturevokation wird kaum variiert. Aber alle emotionalen Reaktionen des späten Lebensüberblicks sind differenzierter und auf einen empfindsamen Ton gestimmt. Die in der Widmungs- und Gelegenheitsdichtung des 18. Jahrhunderts konventionelle Anredeformel „der du" leitet, nicht ohne Schwerfälligkeit, die Erfahrungen von Kummer, Tränen („der du wenn kumer offt ...") und Glück („der du auch offt mich glücklich sahst") ein. Müller nimmt den Gleimschen Einfall auf, das „Nass" des Baches mit dem „Wein" konkurrieren zu lassen. Doch spricht es für seine Tendenz, an versteckten Stellen gegen das anakreontische Motivschema zu opponieren, wenn er Bach, „helles Glas" und Flasche als gleichrangige Gradmesser seines Glückes betrachtet. Die Rokokomotive der Blumen, der Kränze um Glas und Flasche und des Singens bis hin zum Eingewiegtwerden in einen ,,süßen jugend Schlumer'' ermöglichen die Integration der Gleimschen Vorgaben in einen differenzierteren, trotz aller Konventionalität weniger tändelnden und vom evozierten Gefühl vielfach bewerteten Zusammenhang.

Es ist unwahrscheinlich, daß sich Müller wie Uz und Götz philologisch um die vorbildlichen Texte Anakreons bemüht hat. Dazu fehlten ihm die sprachlichen Voraussetzungen. Neben Gleims Versuchen ,,nach Anakreon'', wobei es sich nicht um Übersetzungen handelte, müssen ihm die Anakreon-Übersetzungen von Uz und Götz die wichtigste Anregung geboten haben. ,,Die Oden Anakreons in reimlosen Versen. Nebst einigen andern Gedichten (...). Franckfurt und Leipzig 1746'' werden ihm weniger zugänglich gewesen sein als die zweite Auflage, die von Johann Nikolaus Götz allein verantwortet wurde: ,,Die Gedichte Anakreons und der Sappho Oden aus dem Griechischen übersetzt, und mit Anmerkungen begleitet. Carlsruhe (...) 1760''[6]. Falls es richtig ist, daß sich Götz in Verbindung mit dem Kreuznacher Kaufmann Gerhard Heinrich Schmertz am Zweibrücker Hof für Müller eingesetzt hat, darf der in Winterburg bei Kreuznach lebende Pfarrer als einer der wichtigen Lehrer des Lyrikers Müller gelten — persönliche Kontakte und Gespräche über das ,,Handwerk'' sind anzunehmen. Zu solchen Anregungen kamen gewiß Lektüreerfahrungen in Zweibrücken. In Almanachen und literarischen Zeitschriften waren die Spielarten der Anakreontik und Rokokolyrik, Übersetzungen der ,,poésie fugitive'', aber auch die von Klopstock und vom Göttinger Hain ausgehenden neuen Tendenzen kennenzulernen. Karl Wilhelm Ramler vermittelte in seiner Sammlung ,,Lieder der Deutschen'' (1766) einen recht guten Überblick über die sangbare Lyrik, die größtenteils nach 1750 entstanden war. Es zeugt vom Selbstbewußtsein des jungen Lyrikers, daß er wohl schon Mitte 1773 neben anderen ein Gedicht des ,,neuen Stils'', das ,,Lied eines bluttrunknen Wodanadlers'' an Boies ,,Göttinger Musenalmanach'' einsandte. Dort erschien es — von Klopstock ausgewählt und leicht überarbeitet — im Almanach auf 1774.[7] Durch die Freundschaft mit Johann Friedrich Hahn (1753-1779), der seit 1771 in Göttingen studierte und den Winter 1774/75 in Zweibrücken verbrachte, wird sich Müllers Nähe zum Hainbund intensiviert haben. Neben Klopstock, Goethe, Bürger, Herder, Claudius, Hölty, Miller und Voß in diesem berühmtesten Göttinger Almanach von 1774 publiziert zu werden — Müller war mit mehreren Gedichten auch in späteren Almanachen noch vertreten —, war für den Maler-Dichter eine große Ehre.

Formen, Themen und Figuren

In den ,,Kleinen Gedichten'' findet sich von der Neuorientierung an den Göttingern und Klopstocks Bardendichtung kaum eine Spur. Entweder hat Müller seine klopstockisierenden Gedichte mit Bedacht nicht in seine Gleim zugeeignete Sammlung aufgenommen oder die ,,Kleinen Gedichte" sind schon vor 1773 entstanden. Möglicherweise hat Müller aber noch eine Zeitlang im Rokokostil weitergeschrieben, während er bereits das neue Göttinger Muster erprobte. Die geringe Zahl von Bearbeitungen aus dem Bestand der ,,Kleinen Gedichte", die Müller drucken ließ, legt die Vermutung nahe, daß er sich nach 1774 von seiner älteren Produktion und den eigenen Anfängen zu distanzieren begann. Darauf deutet auch der Brief ,,An Herrn K... in Mannheim" hin, der in der ,,Schreibtafel" (2. Lieferung 1775) veröffentlicht wurde. Bestandteile der Rokokolyrik wie Echo/Widerhall werden ironisiert, das sexuelle Tabu der Rokokolyrik wird mit den Zeilen ,,Und lock mit süßen Tönen/Sie in die Scheuer —" spielerisch durchbrochen, der Verstoß aber sofort wieder empfindsam zurückgenommen. Die Datierung des Briefes — er wurde in Zweibrücken geschrieben — ist nicht gesichert. Ob er erst 1775 entstand, darf zumindest bezweifelt werden: Er könnte auch schon 1773/74 geschrieben worden sein; Kontakte Müllers mit Kobell, dem ,,Herrn K...", sind bereits aus dieser Zeit bezeugt.[8] Er enthält so viele Anzeichen einer stilistischen Veränderung gegenüber den ,,Kleinen Gedichten", daß diese wohl besser auf das Jahr 1773, mit einigen Gedichten von 1772 und 1774, zu datieren sind. Das im Brief aufgenommene Gedicht ,,An Doris" stellt eine im zweiten Teil verstärkt empfindsame Neufassung des Gedichts ,,An Cloen" dar (Hs. S. 39 v). Die Verbindung von Vers und Prosa weist allerdings wieder auf die französische Tradition der Vers-Prosa-Mischung hin, die im Briefwechsel zwischen Gleim und Jacobi[9] und in dessen ,,Winterreise" und ,,Sommerreise" verwendet wurde. Diese Tradition prägt auch den durchgängig fiktionalen und spielerischen Charakter des Briefes, der nicht als Mitteilungsmedium im herkömmlichen Sinne, sondern als Kunstbrief zu verstehen ist.

Für eine Datierung des wesentlichen Textbestandes der ,,Kleinen Gedichte" auf 1773 gibt es ein weiteres Indiz. Die Sammlung enthält ein ,,liedlein eines der Schwäbischen kayser" (Hs. S. 23 v). 1773 veröffentlichte Gleim ,,Gedichte nach den Minnesingern", und im selben Jahr waren die jungen Göttinger Lyriker — allen voran Miller und Hölty — von den Möglichkeiten einer Wiedererweckung des Minnesangs in neuer Lyrik begeistert. Miller hat seinen Minneliedern im Almanach auf 1774 eine kurze Verteidigung beigegeben. Darin heißt es: ,,Sie sind das zufällige Spiel einiger Freunde, die, indem sie die alten, freylich nicht genug genutzten, Ueberbleibsel des schwäbischen Zeitpunkts mit einander lasen, versuchen wollten, ob man auch nicht einmal ganz in dem Geiste der Minnesinger dichten, und bey der Gelegenheit einige alte Wörter retten könnte, die nicht hätten untergehen sollen."[10]

Ob Müller versucht hat, die reimlose anakreontische Ode als Ausdrucksmöglichkeit zu erproben, ist fraglich. Unter den Gedichten der Sammlung befinden sich zwar neun reimlose, wobei zwei Zweizeiler und drei Vierzeiler von vornherein als Entwürfe zu anderen Kurzformen ausscheiden. Es bleiben zwei Fünfzeiler, ein Elf- und ein Achtzehnzeiler. Auch sie können als Entwürfe in das Lyrikheft aufgenommen worden sein — vielleicht sind es aber auch im Ansatz mißglückte reimlose anakreontische Oden. Die Formen, die Müller am häufigsten pflegte, waren die nach Metrik, Zeilenlänge und Reimstellung freien Formen des vers libre und das mehrstrophige Lied, das sich meist als Trink- oder Gesellschaftslied an einer bestimmten geselligen Situation orientiert. Bei den freien Formen sind Zeilenzahlen zwischen vier und zwölf besonders häufig, doch gibt es auch Gedichte mit 16, 18, 19, 21, 28, 29 und 33 Zeilen. Bei den Liedern dominieren zweistrophige (9) und dreistrophige (8) Gedichte.[11] Müller bedient sich meist einer drei- oder vierhebigen Zeile mit trochäischem oder jambischem Maß. So benutzt er wie viele zeitgenössische Lyriker die anakreontische Tradition selektiv, so daß die „Kleinen Gedichte" besser der Rokokolyrik zugeordnet werden. Zur Bestimmung des anakreontischen Stils im engeren Sinne sind vier Kriterien heranzuziehen, welchen kein Gedicht der Müllerschen Sammlung völlig entspricht: 1. Ein Stilideal der Anmut, Naivität und Scherzhaftigkeit mit einer adäquaten rhetorischen Stillage; 2. die Gestaltung der Situation und Atmosphäre muß aus den Anakreon zugeschriebenen Gedichten entnommen oder abgeleitet sein; 3. es muß ein ähnlicher poetischer Gegenstand, ein ähnliches Motiv oder Thema gewählt werden; 4. die von Gottsched eingeführte anakreontische strophenlose Odenform und der deutsche anakreontische Vers müssen realisiert sein.[12] Am intensivsten partizipiert Müller am Motivhaushalt der anakreontischen und Rokokolyrik: Liebe, Wein, Natur, Gesellschaft als Geselligkeit und Freundschaft, Dichtkunst.[13] Auch Müller bevorzugt das Kleine, den bukolischen locus amoenus, die „kleine Quelle" und Diminutive aller Art. Doch hat er die „Verkleinerungskunst" nicht so extensiv wie etwa Jacobi getrieben; in einem sechzehnstrophigen Gedicht ohne Titel (Hs. S. 36 r und v) wird bis zur V. Strophe der Reim auf „— ein" mit zahlreichen Diminutiven kumuliert — fast ist parodistische Absicht zu vermuten.

Es gelingt dem jungen Müller durchaus, sich die wesentlichen poetischen Mittel der Rokokolyrik anzueignen und — innerhalb ihrer Grenzen — die kunstvolle Kombinatorik mit den genannten Themen und Motiven zu betreiben. Es bleibt nun zu fragen, welche spezifische Auswahl er aus dem vorhandenen Angebot getroffen hat und ob er sich gelegentlich eines eigenen Tons zu bedienen wagte.

Die in den Gedichten evozierte Welt ist — bis auf wenige Ausnahmen — die arkadische Landschaft der Schäfer und Hirten, Schäferinnen und Hirtinnen in einer immer heiteren Jahreszeit. Ungewöhnlich groß ist die Liste der bukolischen und griechischen Namen, die Müller verwendet. Während sich andere Autoren auf eine kleine Zahl immer wiederkehrender Eigennamen aus der Tradition von Anakreontik und „Musa iocosa"[14] beschränken, variiert der Maler mit Ausdauer. Für die Frauen hält er Cloe (bevorzugt), Doris, Belinde, Belisse, Ismene, Naide, Musarion, Flora, Dorinde, Celage, Phyline, Melinde,

Fiedicis und Psyche bereit — in den wenigen Gedichten, welche die Gegenwart des 18. Jahrhunderts ahnen lassen, erscheinen Lottgen, Minna und Gretchen. Unter den Schäfer- und Hirtennamen wählt Müller Daphnis, Dorill, Damis, Cyax, Damax, Tyrsis, Lycon, Amynt; Agathon aus der neuesten literarischen Sprachwelt. Der Dichter Gleim wird mehrfach rühmend als Meister erotischer und anakreontischer Poesie erwähnt — in unmittelbarer Nachbarschaft zu Anakreon. Aber auch Hagedorn und Kleist rühmt ein Gedicht — ein Hinweis auf die Verbindlichkeit von Hagedorns geselliger Poesie, die besonders in studentischen Zirkeln beliebt war, für Müller.[15]

Den mythologischen Apparat verwendet er weitgehend so wie die als Muster gewählten Dichter. Neben den nur selten angerufenen oder genannten Göttern Jupiter, Mars und Apoll/Phoebus dominieren die Göttin der Liebe und der Gott des Weins. Venus (Cythera) wird begleitet vom Heer der Liebesgötter; die Musen, Nymphen, Grazien, die „Westgen" (Zephire und Zephiretten) dürfen nicht fehlen. Wo Venus ist, findet sich meist auch Amor ein, und wo Amor mit gefülltem Köcher auftritt, ist Bacchus nicht fern. Als Vater Evan schart er Bacchantinnen, Mänaden, Thyaden und Faune um sich. Blaß bleiben die Allegorien von Tages- und Jahreszeiten wie die Nacht, Flora und Vertumnus. Die Unterwelt mit Acheron, Phlegeton, Styx, Karons Nachen und Lethe fehlt nicht. Mit den Attributen der beiden Zentralgötter arbeitet Müller, dem solche Kenntnisse auch als Maler von Nutzen waren, in immer neuen Abwandlungen. Venus und Amor werden der Myrten- und Rosenhain, die Ulme, Täubchen, Bienen und Rosenkränze zugeordnet, Bacchus der Tyrsus, Tiger und Löwe.

Der unter Bacchus' Schutz stehende Trinker kehrt in Müllers Gedichten häufig wieder. Der Durst, das Trinken, der „Rebenzecher" und „fromme Trinker", der Venus geweihte „Zyperwein", aber auch Rhein- und Moselwein in vollen Bechern und Humpen, in Schalen, oder, modern, in Glas und Flasche, werden vielfach besungen. Dem Wirt gilt meist ein dankbares Trinklied der „Brüder". Müller war die Arbeit im Weinberg und die Kunstfertigkeit des Küfers von der väterlichen Wirtschaft her vertraut. „Rebenhain", Traubenblätter und „güldne Reben" sind bei ihm sinnlich erfahrene Wirklichkeiten, was nicht für alle Rokokolyriker gelten dürfte.

Beim Thema der Liebe überwiegen traditionell die klagenden Töne. Das „Herz" ist als „getroffenes", „wundes", „grausames" das Zentrum der Qual der Liebe. Die Hoffnung auf „ewge Treu", „zärtliches Verlangen", „zärtliche Gedanken", aber auch Furcht vor Trennung bestimmen den Gang vieler Gedichte. Der Blick der Liebenden und die Küsse, die im Bach belauschte Nacktheit oder auch nur ein verlockendes „weißes Knie" bezeichnen die Stufen der Liebeshandlung; von den „quinque lineae amoris"[16] ist in der Rokokolyrik der Coitus mit einem Tabu belegt — so auch bei Müller.

In einigen Gedichten weicht er völlig von der Konvention der erotischen Rokokolyrik ab und findet einen eigenen Ton. So etwa in dem elegieartigen Text „An die liebe" (Hs. S. 18 v), dessen I. Strophe lautet:

> Liebe Tirranin der Hertzen
> Wäge dein Schmertzen
> Wäge mein Hertz

Das oben schon erwähnte Gedicht „An Cloen" (Hs. S. 39 v) verbindet Traditionselemente der bukolischen Landschaft mit empfindsamen Passagen. In einem wohl nicht vollendeten Gedicht ohne Titel mit den Anfangszeilen „Wo Sie ruhet/ruhet alle Wonne" (Hs. S. 41 r) heißt es:

> Alle lieb
> umstürmet mich
> Flih gelinde
> Hin mein Seufftzer
> durch die Nacht
> o liebe, libe
> Stärcke mich
> oder ich sterbe

Solche Radikalisierung des Gefühls, die sich besonders in der neuen Verbalmetaphorik äußert, ist der anakreontischen und Rokokolyrik fremd. Hingegen bleiben die zahlreichen Kombinationen des Wein- und Liebesmotivs völlig an der Konvention orientiert — als eine geglückte Kurzformel solcher Variationen darf das letzte Gedicht der Sammlung auf der Innenseite des Umschlags gelten:

> an lycon.
> Trinck aus dieser goldnen Schale
> Freund [,] der gott der lust
> Formte Sie beym gotter mahle
> nach Zytherens brust.

Für jeden jungen Lyriker, der sich die Kunstmöglichkeiten der Rokokolyrik anzueignen versuchte, war eine eigene sinnliche Wahrnehmung und reflektierte Erfahrung der ausgewählten Motive wenig hilfreich. Galt es doch keineswegs, über die konventionalisierten Formeln durch größere Nähe zu den „Sachen" hinauszugehen. Von den Lyrikern des Rokoko, die so oft das Schäfer- und Hirtenleben besungen haben, brachte wohl kaum einer so konkrete und sicher auch leidvolle Erinnerungen an diese selten idyllische Lebensform mit. Doch sucht man in Müllers Landschaftsevokationen vergeblich nach intensiveren Erinnerungsresten. Wie seine Vorbilder beläßt er es meist beim Benennen von Tal, Hain, Hügel, Wiese, Weide, Flur, Gras, Feld, Triften und Felsenklüften, von Quelle und „Kieselbach", von Wasserfall und „Hüttchen". Der Himmel, die Wolken, Sterne, Sonne, Mond, Dämmerungen,

Frühling und Winter erhalten die gängigen Attribute. Nur für die Nacht hat Müller eine diffferenziertere Personifikations-Metaphorik erarbeitet: Häufig spricht er von der ,,braunen Nacht'', der ,,braungelockten Nacht'' und ihrem ,,schattigten Gefieder''. Zum Eindruck einer formelhaften Staffagelandschaft tragen auch die stereotyp eingesetzten Pflanzen und Tiere bei. Blümchen, ,,Maienblümchen'', Rosen und Veilchen, ,,Primul'', Myrte und Moos, Silberweiden, Buchen, Erlen, Ulmen, Linden und der ,,Tannenhain'' werden zum bukolischen Lebensraum der Herden mit weißen Lämmern und Böcken, der Lerchen, Nachtigallen, Spatzen, Finken und Adler. Biene und Schmetterling verweisen auf Amor und Psyche, Rose und Myrte auf Venus — die Ulme ist Anakreons Baum.

Müller benutzt alle Verben, die als charakteristisch für die Motivwelt dieser Lyrik erkannt wurden.[17] Er läßt seine Figuren tanzen und tändeln, spielen und scherzen, schlüpfen und hüpfen, schleichen und beschleichen. Sie leben in einer bis auf die Liebesqualen schmerzfreien Welt und verpflichten sich auf Grazie, ,,weise Lust'', ,,frohe Weisheit'', ,,Freudenweisheit'', ,,Vergnügen'', ,,Zufriedenheit'', Wonne, ,,Wollust'' (nicht primär im sexuellen Sinne), Freude und Glück. Dem küssenden, tanzenden und scherzenden Epikur, der dem 18. Jahrhundert als Anwalt weisen Lebensgenusses galt,[18] ist ein eigenes Gedicht gewidmet (Hs. S. 15 v.). Ein Lied an die Freude ist ,,der morgen'' (Hs. S. 42 r) mit sechs Strophen; darin heißt es:

> Welche seelige gefilde
> läßt mich dan die Freude sehen
> in dem blumenreichsten bilde
> Sehe ich Sie zu mir gehen
>
> Lächlend singt sie Freuden lieder
> Von anacreon und gleim
> Auf mich tauet wollust nieder
> Süser noch als Honigseim

Mit dieser eudämonistischen Botschaft der Poesie verträgt sich bei den Rokokolyrikern (und Müller) der ohne allzu großen Ernst vorgetragene Gedanke an die Flüchtigkeit des Lebens, des Glücks, der Liebe. Der Augenblick der Lust läßt sich bei solcher Kontrastierung um so intensiver genießen. Da es in der Unterwelt schwerlich Wein zu trinken gebe, führt die Reflexion auf Alter und Tod meist zur Aufforderung, um so mehr zu trinken und zu lieben, so lange man noch lebe.

Allmähliche Lösung aus der Rokoko-Konvention

Es entspricht dem artifiziellen Charakter der Rokokolyrik, daß das Nachdenken über das Dichten ins Gedicht integriert wird. Häufig verrät das sprechende Ich den Anlaß seines ,,Singens'': die glückliche oder unglückliche Liebe.

Müller beginnt seine Sammlung im wesentlichen mit Rollengedichten: Als Schäfer oder Schäferin, als Bacchus oder Amor erprobt er zahlreiche Spielarten der lyrischen ,,Maskierung". Allmählich bildet sich eine Motivreihe stärker aus, die in den letzten Texten der Sammlung häufig wiederkehrt: Quelle/Schlummer/Traum/Geliebte/Poesie. Die Gedichte sind gleichsam Traumreden. Von den Wellen des Baches oder vom ,,Schluchzen" der Quelle, die traditionell auch als Spiegel der Geliebten fungiert, läßt sich das Rollen-Ich vom ,,Gott des Schlummers" in Schlaf und Traum senken. Während die Naturstaffage und besonders die Quelle als Element des locus amoenus meist nur als ,,Zeuge" von Qual und Glück der Liebe angesprochen wird, entwickelt sie sich durch die Natursprache des ,,Murmelns" zur Ermöglichung des poetischen Traums. Daß er sich aus vor- und unbewußten Quellen speist, ist als bedeutsame Müllersche Einsicht einzuschätzen. Ähnliche poetische Formulierungen bei anderen Rokokolyrikern sind mir nicht bekannt. Ein Prozeß der Ablösung vom lange erprobten Muster der Rokokolyrik ist auch an der gegen Ende der Sammlung intensiver werdenden Musikalisierung der Sprache abzulesen. Das lyrische Sprechen und ,,Singen" ist konventionell dem Klang der ,,süßen Harfentöne", der Schalmei des Hirten, den Melodien von Flöte (bukolisches Instrument par excellence) und Zither zugeordnet worden.

Wenn Müller in den letzten Gedichten seiner Sammlung das Ineinander von Melodien, Echowirkungen, Liedern und Flötentönen zu ,,harmonischem gesang" evoziert, durch eine Art Binnenreim und häufig anaphorische Versanfänge sprachliche Musikalität steigert, befindet er sich bereits außerhalb des Konventionssystems. In einem Gedicht, das von seinem Sujet her der anakreontischen Lyrik verpflichtet ist — ,,Venus als adonis gebohren ward" (Hs. S. 43 v), werden die Täubchen aufgefordert, dem Kind ,,Ein hayo bayelein", ein Wiegenlied, zu singen. Mit solchen ,,kleinen" Abweichungen vom System befindet sich Müllers Lyrik auf dem Weg zu einer anderen Schreibart — die Vorbilder fand er in den Autoren, die mit ihm vom Musenalmanach auf 1774 publiziert wurden. Die empfindsamen Töne, die ,,süße Bangigkeit", das Fühlen aller Freude der Natur, des Leids, ,,Zärtlichkeit(en)" und Tränen — die Quellen weinen als ,,äuglein der Natur" mit — finden sich auch bei anderen Rokokolyrikern der siebziger Jahre. Doch bieten vor allem die Trinklieder (z. B. Hs. S. 19ff.) die Gelegenheit, aus der gedämpften, scherzenden und tändelnden Rokokowelt auszubrechen. Die ,,Brüder" springen ,,wie die böcke springen", lassen der Freude die Zügel schießen und lassen ,,los die wilde Wuth". Die ,,Wuth" der Leidenschaft und Trunkenheit verbindet sich mit einem Aspekt der Bacchus-Dionysus-Mythologie, der für die Rokokolyriker sonst keine Rolle gespielt haben dürfte: Tiger und Löwe (eigentlich: Panther) ziehen den Wagen des Dionysos im wilden Taumelzug der Begeisterung. Bei Müller reitet Bacchus auf dem Löwen, Tiger und Löwe knieen vor ihm; auf des Tigers Rücken ,,Schnäblen sich zwey däubelein" (Hs. S. 8).

Wie sich hier ein mythologisches Element der dionysischen Tradition in die anakreontische Amor-Evokation mit den Täubchen einschreiben läßt, so bleibt Müller in seiner Sammlung zunächst bei einem Miteinander von Konvention und neuer Tendenz. 1774 wendet er sich intensiver den Vorbildern des Göttinger Hains und des Sturm und Drang zu. Der Prozeß des Genrewechsels, des allmählichen Übergangs zu anderen bald dominierenden Ausdrucksformen (Idylle, Drama) wird im Hinblick auf die nach 1774 geschriebenen Gedichte zu verfolgen sein.

Anmerkungen

1. Es ist hier nicht der Ort einer Darstellung des Weges, den diese Lyriksammlung bis zum Erwerb durch das Hochstift durch verschiedene Hände genommen hat. Die genaue Beschreibung der Handschrift bleibt der Veröffentlichung der Gedichte in der geplanten Maler Müller-Ausgabe vorbehalten.
2. Die Geschichte des Müller-Nachlasses ist noch zu schreiben. Vgl. Gedichte von Johann Nicolaus Götz aus den Jahren 1745 — 1765 in ursprünglicher Gestalt. Hrsg. von Carl Schüddekopf, Stuttgart 1893 (Reprint Nendeln/Liechtenstein 1968), ( = Deutsche Litteraturdenkmale des 18. und 19. Jahrhunderts, Bd. 42), S. XIIff.; Herbert Zeman: Die deutsche anakreontische Dichtung. Ein Versuch zur Erfassung ihrer ästhetischen und literarhistorischen Erscheinungsformen im 18. Jahrhundert, Stuttgart 1972, S. 339, Anm. 4; Friedrich Müller, genannt Maler Müller: Fausts Leben. Nach Handschriften und Erstdrucken hrsg. von Johannes Mahr, Stuttgart 1979, S. 188. Einen ersten und aktualisierten Überblick gibt Rolf Paulus: Maler-Müller-Handschriften. Bericht und Dokumentation, in: Maler Müller Almanach 1983, Landau/Pfalz 1983, S. 75 — 81.
3. Freies Deutsches Hochstift, Frankfurt am Main, Maler-Müller-Handschriften, Kasten V, Nr. 5324.
4. Vgl. den Beitrag von Rolf Paulus in diesem Almanach.
5. Ich benutze dankbar die Transkription der Gedichtsammlung durch Rolf Paulus.
6. Vgl. den Faksimiledruck mit einem Nachwort von Herbert Zeman, Stuttgart 1970.
7. Musen Almanach. A MDCCLXXIV. Göttingen, bey J. C. Dieterich. Vgl. den unveränderten reprographischen Nachdruck: Göttinger Musenalmanach auf das Jahr 1774, Darmstadt 1980, S. 213. Auf Müllers Gedicht folgt Bürgers ,,Lenore'', voraus geht ihm ein Gedicht Boies, des Almanach-Herausgebers: ,,Verschwiegenheit''.
8. Freundliche Mitteilung von Wolfgang Schlegel.
9. Briefe von den Herren Gleim und Jacobi, Berlin 1768.
10. Musen Almanach. A MDCCLXXIV, S. 119.
11. IV Str.: 5 Gedichte; V Str.: 4; VI Str.: 5; VII Str.: 1; VIII Str.: 3; X Str.: 2; XVI Str.: 1.
12. Vgl. Herbert Zeman: Die deutsche anakreontische Dichtung, S. 142f.
13. Vgl. Alfred Anger: Literarisches Rokoko. Zweite Auflage, Stuttgart 1968, S. 58.
14. Vgl. Heinz Schlaffer: Musa iocosa. Gattungspoetik und Gattungsgeschichte der erotischen Dichtung in Deutschland, Stuttgart 1971.
15. Vgl. Christoph Perels: Studien zur Aufnahme und Kritik der Rokokolyrik zwischen 1740 und 1760, Göttingen 1974.
16. Vgl. Schlaffer, Musa iocosa, S. 78ff.
17. Vgl. Alfred Anger (Hrsg.): Dichtung des Rokoko nach Motiven geordnet, Tübingen 1958, S. 95ff., 111ff.
18. Vgl. Gerhard Sauder: Der reisende Epikureer. Studien zu Moritz August von Thümmels Roman ,,Reise in die mittäglichen Provinzen von Frankreich'', Heidelberg 1968, S. 181ff.

# Fabeln.

## ÆSOPUS.

*Aesop. Um 1789. Federzeichnung. Frankfurt, Freies Deutsches Hochstift — Goethe-Museum.*

# Maler Müller
## „Wer will unser König seyn/Muß uns überfliegen..."

### Lehrgedichte und Fabeln

Die Dichtung der Aufklärung bevorzugte didaktische Formen wie Fabel und Lehrgedicht. Es ist sicher kein Zufall, daß Müller in seiner römischen Zeit viele derartige Gedichte geschrieben hat. Vielleicht spielt dabei seine Freundschaft mit Lessing eine Rolle, sicher aber kommen diese Gattungen Müllers Neigung zur Kritik entgegen.

    Der Käfer und der Schmetterling.

Schmetterling, fliegest so stolz mich redlichen Käfer vorüber,
Gelt, du scheuest den Freund, der dich als Raupe gekannt.

    \* \* \*

    Der Jüngling und der Waffenhändler.

Einst zu dem berühmten Waffenhändler
Kam ein Jüngling. Lehre mich gebrauchen,
Bat er, deine starke, schöne Kriegerwaffen,
Daß ich tapfer sie, mit Anstand führe,
Wenn zum Kampfe die Drommete ruft!
D'rauf der Alte, mit dem Kopfe schüttelnd:
Sieh' die Waffen stehn hier zum Verkaufe;
Schmieden lernt' ich sie, doch nimmer führen.

Anders ist's nicht mit den Theorien,
Von den Meistern fein und klug ersonnen,
Anzuwenden, praktisch zu bewähren,
Fehlt die Kraft den Meistern, und je blanker
Ihre Waffen glänzen, desto seltner
Taugen sie, wenn's gilt, im Waffentanze.

    \* \* \*

    Die Gänse und der Adler.

Auf grühner Heide saß jüngst eine Heerde
Von Gänsen; laut Geschrey erhob sich, denn
In ihrer Mitte stand ein Gänsrich welcher
Behauptete, mit langen Phrasen, daß:
Kein eigenes Ding sey fliegen, welches fodre
Besondern Schwingen-bau und Sehnenkrafft;
Daß jeder aus dem Federvolck' vermöge

Zu heben sich leicht in die Luft und nur
abhenge alles bey dem Flügel recken, sistematisch
zu drehn und winden mit dem Körper sich
Nach Art und Weise schicklich auf, daß möge
Die Luft umschließen ihn und tragen so.
Wird dieses rief er schön püncktlich ausgeübet
Dan fliegt gleich dem Aar dir jede gans.
Voll Jubel jauchzte laut der helle Hauffen
Als hätte Zevs verliehen allen schon
Den Vorzug und stünd jezt bei ihnen völlig
Zum Ziel zu wählen sich im Fluge nun
Den höchsten Stern. Denn schwer dünckt aus zu üben
Die Theorie hier keiner. Schnell versuchend
Das Mittel, lauffen keuchend in der Reihe;
Gespannt den Schiffen gleich die Flügel, sie
und drehn und winden sich gewaltsam weiter
Zur Höhe auf mit Angst, doch kaum daß nur
gehoben sie sich drey Ellen von der Erde.
Stürzt jegliche, den schweren Klözen gleich
hernieder neu.

     Am schroffen Felsengipfel
Saß ernst ein Adler, von der Gänse schnattern gacksen
Vernahm er nichts, tieff unter ihm am Bache
Zerschlugs der Wind, er dreht den stolzen Blick
Jezt aufwerts, schnell erwacht in seinem Busen
Der Muth, aufreißt er sich, steht schon im Nu
Im blauen hoch und eilet froh zur Sonne.

Durch Anstrengung wird wenig nur gethan
Wenn hinzu nicht Natur die Anlag leihet.

   \* \* \*

Die Königswahl.

Das gemeine Flügelvolk
Gab dem Straus die Stimme,
Doch die Stärkeren im Flug
Brannten auf im Grimme.

Alte Satzung, riefen sie,
Lassen wir nicht liegen,
Wer will unser König seyn,
Muß uns überfliegen.

Der Wolff und der Fuchs

Wolff. Hätt ich nur das Schaaff das schreyt drinnen,
   hier gleich heraus nach Willen,
  Sein gewinsel wollt ich ihm mit den Zähnen stillen.
Fuchs. Hast ihm erst das Lamm erwürgt, laß die Arme schreyen.
Wolff. Nein! den Mord darff ich und kann nimmer ihm verzeyhen.

     x x x

Ungerechter Räuber haßt Unschuld die er drücket
Weil ihr Seufzer seine Schuld ihm vor augen rücket.

  * * *

Der Wolff und der Hund.

Zum Hunde kam im Winter,
Ein Wolff ganz matt geschlendert,
,,Errin'r er sich Herr Vetter
Der nahen Bludsverwandschafft
Leih Brod er mir und Obdach.
Hum, sprach der Hund hab niemahl
gemerckt so was im Sommer,
als er mit vollem Wampen,
mit glattem Pelz vorbey strich,
Mich däucht dis wahrlich magre
und kühle Bludsverwandschafft
Der mann bey Kält und Hunger
Errinnert sich erst, bitte!
Den Herrn! mich zu verschonen.

  * * *

Das Schwein und das Lamm.

In der Pfüze lag ein Schwein,
 sieh da rieselts, schnelle
eilt vom Zaun das Lamm hinweg,
 unter trockne Stelle.
Grunzt die Sau: welch Zärtlichkeit
 wenger Tröpffchen wegen!
macht dir bang für deine Woll
 bischen Staub und Regen?
Reinen sprach das Lamm, ist schon
 ein Fleckchen ungelegen.
wer im Schlamme wohnt wie du,
 acht nicht Staub und Regen.

  x x x

Was ein reines Herz auch schon
 Kummervoll erschröcket
rühret den nicht welcher tief
 in der Schande stecket

*Martin von Wagner (1777 - 1858): Selbstbildnis. 1805. Pastell. Martin von Wagner — Museum der Universität Würzburg.*

# Wolfgang Schlegel
# Vom ,,Teufelsmüller" zum ,,lieben alten Müller"

Der Maler und Kunstagent Johann Martin Wagner über Friedrich Müller in seiner unveröffentlichten Korrespondenz mit Kronprinz Ludwig von Bayern.

## I.

Die Tätigkeit Maler Müllers als Kunstagent für Kronprinz Ludwig von Bayern in den Jahren 1806 bis 1810 endete mit einer tiefen Enttäuschung und hat ihm auch für späterhin — keineswegs zu Recht — einen schlechten Ruf eingetragen. Man warf ihm vor, er habe zu sehr auf den eigenen Vorteil gesehen und seine Ankäufe seien Werke minderer Güte oder sogar schlechte Stücke gewesen. Der Kronprinz entzog ihm sein Vertrauen und schickte Anfang 1810 den Würzburger Maler Johann Martin Wagner mit besonderem Auftrag nach Rom. Damit traf er aber nicht nur Müller, sondern vor allem den bayerischen Gesandten Bischof von Haeffelin, den er ja bei der Abreise nach seinem ersten Rombesuch 1806 beauftragt hatte, mit Müller gemeinsam den Kunstmarkt zu beobachten und gegebenenfalls Werke zu kaufen. Haeffelin mußte in einem Briefe an Ludwig vom 28. Juni 1810 feststellen: ,,Da Müller das Vertrauen Eurer Kgl. Hoheit verloren hat (,,aiant perdu la confiance de V[otre] A[ltesse] R[oyale] ...") werde ich ihn nicht mehr beschäftigen, man wird ihn nur im äußersten Falle beschäftigen."[1]

Verhandlungen und Intrigen um die Statuen im Palazzo Braschi

Wie war es dazu gekommen? Es ist anzunehmen, daß die plötzliche Rangerhöhung des römischen Müller, den in München eigentlich nur Galeriedirektor Mannlich persönlich kannte, da er seit 1778 ununterbrochen in Rom lebte, zum Kunstagenten den bayerischen Künstlern nicht recht war. Auch wenn wir nicht Neid oder Voreingenommenheit unterstellen wollen, so standen sie doch dem ,,Teufelsmüller", wie er in Rom wegen seiner Teufelsmalereien genannt wurde, kritisch gegenüber. Der Maler Georg von Dillis, der Ludwig gut bekannt war und ihn auf einer Reise begleitet hatte, wurde bereits 1808 mit besonderem Auftrag nach Rom geschickt. Daß der junge Kronprinz schon damals nicht ehrlich gegen Haeffelin und Müller war, zeigt die folgende Briefstelle. Ludwig schreibt von einer Schweizreise an Dillis in Rom: ,,Wie stehen Sie mit Müller? Begeben Sie sich doch, ohne daß der Bischof oder Müller es erfährt, obgleich ich beide recht gern habe, in den Palast Cardelli, ich glaube d[er] Eigenthümer, Graf dieses Namens, u. d[er] Kard[inal] Mastrozzi wohnen drinnen, und wenn Bilder in ihnen befindlich, sie alle zu sehen."(Luzern, 4. August 1808).[2]

Dillis arbeitet zunächst mit Müller zusammen und schreibt am 2. September 1808, daß er ,,mit Müller übereingekommen" sei, im Palast Braschi fünf wertvolle Statuen zur Auswahl zu nehmen. Um diese Statuen, darunter eine Kolossalstatue des Antinous, dem Liebling Kaiser Hadrians, wird es später noch lange Zeit bei den Verhandlungen gehen, und von Wagner werden sie schließlich — ohne den Antinous — für die Glyptothek erworben. Aber schon am 6. Oktober 1808 äußert Dillis Mißtrauen gegen Müller, der sich wohl nicht in die Karten sehen lassen wollte. ,,[...] überhaupt finde ich Müller zurückhaltend, falsch, anders sprechend, wandelbar, weit verschieden von einem geraden Bajer. Sein Plan ist, untergraben — er ist auch wirklich zum Italiener eingeweiht." Am 7. Oktober schreibt er über die Pläne beim Braschi-Kauf: ,,Müller war mit dem Vorschlag einverstanden; ich weiß nicht, ob ich ihn in seiner Äußerung trauen darf, und ob er mit mir auf gleichen Zweck zur Ehre Bajerns hinarbeitet. Ich befürchte, daß er immer auf Nebenpläne arbeitet." Aber noch ist Ludwigs Vertrauen in Müller nicht grundsätzlich erschüttert; denn im Oktober weist er Dillis an, daß die Ankäufe von Antiken ,,mit dieses Gesandten und Müllers Einverständnis" geschehen sollen.

Zur Krise im Vertrauenverhältnis zwischen Ludwig und Müller kommt es bei den weiteren Verhandlungen im Hause Braschi, worüber Dillis am 15. November 1808 berichtet: Der beauftragte Advokat hatte dort erklärt, daß die Statue des Antinous allein 30 000 Scudi kosten solle — jene Summe, die man in München für alle 5 Statuen bewilligt hatte — und daß erst kürzlich ein Angebot über 22 000 Scudi abgewiesen worden sei. ,,Nach diesen erhaltenen Äußerungen verfügte ich mich zu unsern Minister und berichtete alles genau, auch das Benemmen des Herrn Müller, welcher ebenfalls das oben bemelte Angeboth kräftig betheuerte.

Ich hatte keine geringen Ursachen, an der Wahrheit dessen zu zweyfeln; der advocat hatte sich bey der Unterhandlung selbst verrathen und den Verdacht erreget, mit dem Müller das ganze Vorgehen ausgedacht zu haben — um unsern Hof zu prellen. Der advocat wußte sehr genau, welche Summe ratificiert und bey Torlonia[3] angewiesen ist. Müller behauptet, der Cardinal Fesch[4] habe das Angeboth von 22 000 Scudi gemacht."

Der Gesandte hat dann nachgeforscht und erfahren, daß von Fesch nur 5 — 6 000 Scudi geboten waren. Er hielt es daher für besser, die Verhandlungen vorerst abzubrechen, bis er persönlich mit dem Grafen sprechen könne. Im September 1809 kommt Dillis noch einmal auf die Braschi-Verhandlung zurück, wenn er an Ludwig schreibt (Brief Nr. 33):

,,Den Antinous Bachus aus Braschi hätte ich aller Wahrscheinlichkeit und der eingehollten Geschichte zufolge für 9 000 Scudi oder höchstens für 10 000 Scudi erhalten. Thorwaldsen, welcher sehr genau von der Sache unterrichtet war, hat mich dessen versichert, wollte aber nicht gegen den Mäkler auftreten, weil er mit der Mäkeley nichts zu tun haben wollte. Der Gesandte ist aber selbst von der Sache so gut unterrichtet als ich, durch eben den obbemelten Bildhauer. Dem Gesandten ist bekannt, daß der Card. Fesch nur 5 bis 6 000 Sc. gebotten hat — wenngleich nach des Mäklers Angabe die Summe von 22 000 betheuert wurde. Allein offenbar war dieß nur darauf abgesehen, mich bis auf

30 000 hinaufzutreiben. Ich habe mich aus vielen Gründen bewogen gefunden, den Handel abzubrechen.''

Hier wird zum ersten Male der Ausdruck ,,Mäkler'' - im Sinne von Makler, Vermittler — für Müller gebräuchlich, den Ludwig nachher im Briefwechsel benutzt. Von Thorwaldsen wissen wir aus dem Briefwechsel Haeffelins mit Ludwig, daß er sich sträubte und es schließlich ablehnte, sich als Gutachter und Kunsthändler einsetzen zu lassen. Er sei Künstler und kein Kaufmann, so gebiete ihm seine persönliche Ehre. Der Gesandte teilt weiter mit, daß Thorwaldsen wie alle Künstler geneigt sei, antike Kunstwerke geringer einzuschätzen, aber ihre eigenen umso höher.

Mit dem Antinous irrte sich Dillis, denn auch Wagner konnte ihn nicht günstig bekommen, er wurde später für den Vatikan gekauft. Auch Ludwig irrte sich, wenn er schreibt: ,,Für wie viel vermuthen Sie, hätte Braschi Antinous mit den 4 Statuen, die Sie erwählt dazu, gelaßen ohne Teufels-Müller?'' (Innspruck, 27. Dez. 1810). Dillis gibt darauf eine ausweichende Antwort (2. 11. 1811). Trotzdem wird er bei einer neuen Rom-Reise noch einmal beauftragt, neue Versuche wegen des Antinous zu machen, so meint Ludwig, ,,die Zeiten haben sich geändert u. kein Teufelsmüller ist im Spiele, ohne welchen schon damalen es gegangen wäre. Wer außer mir giebt jetzo 10/m [10 000] scudi für 1 Statue?''

Als Müller später von diesen Verdächtigungen erfuhr, hat er in Briefen an Freunde alles bestritten und sich bitter über diese Verleumdungen beklagt. Raimund Wünsche hat neuerdings eine Erklärung gefunden, die Müller zwar nicht ganz entlastet, ihn aber doch von Schuld und bewußter Korruption freispricht. Er sei einfach den Tricks der Italiener in seiner Gutgläubigkeit erlegen. ,,Dillis schwerer Verdacht traf in dieser Weise nicht zu. Der gerissene Advokat des Fürsten hatte anscheinend die genehmigte Kaufsumme über eine Indiskretion von anderer Seite, wohl vom Bankhaus selbst, erfahren. Müller konnte sich bei dem Kronprinzen rechtfertigen und verlor nicht sein Vertrauen. Doch wurde immer offensichtlicher, daß dem bei den Italienern allseits bekannten und beliebten Müller zu großen Geschäften die notwendige Verschwiegenheit, daneben ausreichender Sachverstand und Durchschlagskraft fehlte.''[5] Müller habe die damaligen Handelsusancen nicht durchschaut. Händler und Verkäufer setzten Gerüchte in die Welt und beteuerten, es lägen bereits höhere Angebote vor.[6]

## II.

Die Wende im Verhältnis Müllers zum Kronprinzen tritt erst mit der Entsendung Johann Martin Wagners nach Rom ein, der dort am 18. Februar 1810 ankommt. Er war dort bereits von 1804 bis 1808 als Historienmaler tätig gewesen. Dazu hatte ihm ein Preis verholfen, den er bei dem Preisausschreiben von Goethes Weimarischen Kunstfreunden 1803 gewonnen hatte (Odysseus, welcher Polyphem berauscht macht). Daraufhin teilte ihm Schelling mit, daß er eine Professur an der Universität Würzburg erhielte, aber mit der Auflage, mit 600 Gulden Gehalt für mindestens zwei Jahre nach Rom zu gehen. Er war also in der gleichen Zeit dort, als Kronprinz Ludwig vom ,,Teufelsmüller'' durch Rom geführt wurde (1805/06). Über Kontakte zwischen Wagner und Müller gibt es nur ein indirektes Zeugnis. In einem Briefe an Baron Üxküll in Stuttgart vom 9. Januar 1808 heißt es: ,,Herr Müller, durch welchen Sie mich grüßen zu lassen die Güte hatten, machte mir sogar die bestimmte Hoffnung, Sie auf die Weihnachtsfeiertage in Rom zu sehen.''[7]

Als Wagner sein Gemälde ,,Rat der Heerführer vor Troja'' in München ausgestellt und an den Staat verkauft hatte, wurde er sogleich als königlicher Pensionär wieder nach Rom geschickt, um ein weiteres großes Historienbild zu malen. Aber der Tod seines Vaters, der ein bekannter Bildhauer in Würzburg gewesen war, hielt ihn in Familiensachen lange auf, so daß er erst am Anfang des Jahres 1810 reisen konnte. Er wurde inzwischen nicht nur vom König Max Joseph, sondern seit 1808 auch vom Kronprinzen als Künstler anerkannt und als zuverlässiger Mann geschätzt, weil er im Einklang mit Dillis am Hofe dringend vom Ankauf des Nachlasses der Angelika Kauffmann (gest. 1807) abgeraten hatte. Ihre ,,Manier'' sei ,,aus der Mode gekommen'', und die Bilder seien, sowohl ihre eigenen als die ihrer Sammlung, nicht viel wert, die Forderung des Erben, ihres Neffen, also viel zu hoch.

Der Gesandte Haeffelin und Müller, große Verehrer der ,,Madame Angelica'', hatten den Ankauf empfohlen und Müller hatte eine Liste der vorhandenen Werke aufgestellt. Davon aber hielten Dillis und Wagner nur höchstens 2 Gemälde für erwerbenswert. In Rom empfand man die Ablehnung als einen persönlichen Affront, der noch verschärft wurde, als Wagner sich nach seiner Ankunft weigerte, das von Haeffelin und Müller unterschriebene Gutachten zu unterzeichnen, vielmehr ein kritisches Gegengutachten erstellte. Das trug ihm die immerwährende Feindschaft Haeffelins ein, gleichzeitig aber die lebenslange Gunst Ludwigs von Bayern, der ihm am 16. Juni in seinem ersten Briefe schrieb: ,, Als Künstler nicht nur, als rechtschaffnen Mann auch, kenne ich Sie Wagner. Ihr parere [Gutachten] wegen Angelica Kauffmann's Kunsthinterlassenschaft hier von eine Probe.''

Wagner ,,opferte''[8] dem geliebten Fürsten seinen Künstlerruhm, d. h. seine ,,Karriere''. Man muß bedenken, daß er als Künstler am bayerischen Hofe anerkannt war und berühmte, einflußreiche Gönner hatte (Goethe, Schelling, Üxküll), und daß ihn der König — von Dillis über Ludwig empfohlen — erneut nach Rom geschickt hatte, um ein weiteres Bild in der Art der mythologischen Historienmalerei zu malen, wie sie übrigens der Auffassung Müllers entsprach.

Er war nicht von vornherein ein Gegner Müllers, sondern folgte dem durch Dillis mißtrauisch gewordenen Kronprinzen.[9] Der erste Auftrag galt dem berühmten ,,Barbarinischen Faun'', um den Ludwig und Wagner 10 Jahre lang gekämpft haben, bis sie ihn schließlich für die Glyptothek gewannen. Zunächst wurde Müller der Wechsel zu Wagner nicht offiziell mitgeteilt, dieser merkte es erst allmählich und dann sehr deutlich, als nicht nur die Ankaufs-Aufträge, sondern auch der Briefverkehr von Ludwig her im Lauf des Jahres 1810 aufhörten. Müller wurde also zunächst umgangen und abgeschirmt, Haeffelin mußte die gerade im Gang befindlichen Verhandlungen für Müller absagen. Da Wagner nun direkt von Ludwig beauftragt ist, braucht er sich nicht mehr an die Gesandtschaft zu wenden. Am 1. Juli 1810 schreibt er über die Verhandlungen mit dem Bildhauer und Kunsthändler Pacetti: ,,Wenn nur Müller nichts davon inne wird, denn er ist im Stande, um sich zu ärgern, dem Pacetti Gott weiß was in die Ohren zu setzen."

Versteckspiel und Intrigen

Wagner muß sich als neuer Agent erst allmählich durchsetzen. Aber die Situation ist insofern günstig, als nach Gefangennahme des Papstes durch die Franzosen alle Diplomaten Rom verlassen müssen. Haeffelin geht mit seinem Sekretär Mehlem nach Neapel. Der Sekretär Doublet bleibt zur Bewachung der in der Gesandtschaft, dem Palazzo Rondanini, untergebrachten angekauften Kunstwerke in Rom. Pacetti erkundigte sich sogleich, ,,wer wohl die Kunstgeschäfte an des Ministers Statt besorgen würde, ob es Müller sey?" — ,,Ich antwortete ihm, daß ich nichts wüßte, sollte ich etwas erfahren, so wollte ich ihn davon in Kenntnis setzen. Was die angekauften antiken Statuen und Fragmente betrifft über deren Anwesenheit und Aufbewahrung Euer Königliche Hoheit mir allergnädigst auftrugen, mich in Kenntniß zu setzen, um im Falle einer möglichen Veränderung davon unterrichtet zu seyn, war es mir, wahrscheinlich durch die Einwirkung Müllers, welcher durchaus nicht vertragen kann, wenn ihm jemand in die Karten sieht, unmöglich dahin zu gelangen." (5. August 1810). So oft er auch beim Gesandten die Rede darauf brachte, suchte man alles geheimzuhalten. Vorerst kennt er nur jene Stücke, die in den Ateliers von Franzoni und Finetti zum Restaurieren liegen, die übrigen vermutet er im Hause des Ministers, auf dessen baldige Abreise nach Neapel er seine Hoffnung setzt.

Wagner ist geschickt und vor allem — im Gegensatz zu Müller — verschwiegen, so daß er allmählich in seinen Bemühungen um neue Ankäufe fortschreitet; aber der ,,Barbarinische Faun" ist wegen eines Prozesses der Erben vorerst nicht erreichbar.[10] Am 4. Oktober meldet er, daß er erfahren habe, die von Müller angekauften Antiken befänden sich im Palast Rondanini, der Residenz Haeffelins.[11]

Im November erhält Wagner einen Brief Ludwigs über den Bildhauer Thorwaldsen, der nun — wenn auch widerstrebend — Wagner als Gutachter begleitet. Verhandlungen, die schon Müller eingeleitet hatte, mußten weitergeführt werden. Es ergab sich, daß nun die Preise erhöht waren, und Müller schreibt später an Freunde, daß man ihm im günstigen Augenblick das Geld verweigert habe, so daß man nun die Stücke teurer bezahlen mußte. In Müllers

Aussage stellt sich die Ankaufspraxis anders dar, als sie Ludwig sah; denn nicht, so meint Müller, weil er dazwischen gekommen sei, sondern erst danach habe man die Preise erhöht.

Wie Wagner die Verhandlungstaktik Müllers sieht, beschreibt er im Briefe vom 3. Dezember 1810. Es geht um eine Vase bei Franzoni, die schon Müller empfohlen hatte, Ludwig aber zu teuer gefunden hatte, da man 800 Scudi verlangte. Durch die Abreise Haeffelins unterblieb der Handel, nun aber wollte Franzoni mehr haben. Wagner hält das für einen Kniff, insbesondere da er nicht gewiß ist, ob Haeffelin wirklich so viel habe zahlen wollen. Wagner versichert, er habe im Beisein Haeffelins und Müllers immer betont, daß es besser sei, wenige aber gute Stücke zu kaufen als einen Haufen, der zu nichts dient. ,,Müller fand beym leztern seine Rechnung besser, denn es geschah gerade das verkehrte." — Als es um zwei Statuen geht, schreibt er: ,,[...] allein mir scheint die Sache durch die Treuherzigkeit des Gesandten von der einen, theils durch die Kniffe des Teufels Müllers von der andern Seite sehr erschwert und verdorben zu seyn. Der Eigenthümer durch die Anerbiethung und Blosgebung des ersteren übermüthig gemacht, erstand, wahrscheinlich auf Anrathen Müllers, die Statue für sich allein in der gewissen Überzeugung daß Euer Königliche Hoheit nicht ablassen würden, solche um jeden Preis zu erhalten. Deswegen sezt er nun den Preis auf 4 000 Scudi, welche man ohne diese Vorausgehung für 1 000 hätte haben können." ,,Teufels Müller weiß die Gutherzigkeit der Italiener bei jeder Gelegenheit nicht genug zu loben, welche ihm, wie er sagte, nach jedem gemachten Kaufe eine annemliche Gratification *blos aus Erkenntlichkeit und Güte des Hertzens* zukommen ließe. — Ich stehe übrigens in keinem Berührungspunkt mit ihm, sehe ihn nur selten und zufällig. [...]Wohlfeile Käufe würden wohl zu machen gewesen seyn, wenn die Sache nicht schon durch die vorhergegangenen Geschichten verdorben wären. Wo man hinkommt, ist man schon verrathen und verkauft." (Dez. 1810)

Maler Müller wird endgültig als Kunstagent ausmanövriert

Wagners eigentliche Tätigkeit kann erst im Dezember 1810 beginnen, aber noch immer ist man nicht ganz offen zu Müller, der nun auch den Rückhalt der Gesandschaft verloren hat. Zwar lädt ihn Mehlem, dem er brieflich Unterricht in Kunstgeschichte erteilt, nach Neapel ein, nimmt das Angebot aber wieder zurück, weil Doublet mit Familie kommen soll. Interessant ist das Urteil über Müller, das uns von seinem Bekannten, dem Baron Emich von Üxküll während seines Romaufenthaltes 1810 überliefert ist.[12] Er schreibt einem Freunde: ,,Mein täglicher Tischgenosse ist Maler Müller aus Mannheim, bairischer Hofmaler, ehemals Dichter, sonst auch Teufelsmüller genannt. Der Mann steht als Künstler nicht gerade auf einer hohen Stufe, malt auch nicht viel, ist überdem schon sechzig Jahre alt, aber er ist ein angenehmer und guter Gesellschafter, ein Mann von mannigfaltigen literarischen Kenntnissen und mancher Verbindung mit den vorzüglichsten Köpfen Deutschlands, dabei kennt er Rom in- und auswendig."

Mittlerweile arbeitet Wagner mit dem Bildhauer Eberhard zusammen, sie suchen längere Zeit vergeblich nach einem Unterstellplatz für die Ankäufe. Doublet verwehrt ihnen den Zutritt zur Gesandtschaft, so daß sich Wagner noch keinen Überblick über das Vorhandene verschaffen kann. Mit dem Hause Braschi kommen die Verhandlungen nicht wieder in Gang. Wagner hält die Transportkosten für die kolossale Statue für zu hoch. Er hofft, daß der Verkäufer zur Vernunft kommt und nicht bei der Forderung von 22 000 Scudi bleibt.

,,Nur vermuthe ich, daß Sr. Ex. der Minister noch einigermasen seine Hand im Spiel hat, welches wenn es wahr wäre, mir nur den Handel verschlimmern könnte. Denn wenn zwey um eine Sache negociren, so muß einer dem andern im Wege stehen. Es wäre daher vielleicht gut, Sr Ex dem Minister wissen zu lassen, daß Euer Königliche Hoheit den Handel um diese Statue gänzlich aufgegeben wissen; auf diese Art würde der Besitzer seine Hoffnungen von der andern Seite müsse fahren lassen." Hier wird das Doppelspiel deutlich; ähnliche Maßnahmen hatte Haeffelin auch gegen Müller dem Kronprinzen empfohlen. ,,Was Teufels Müller macht, weiß ich nicht, ich sehe ihn nur äußerst selten. — Ich befürchte, daß er nun wie der Teufel auf Gelegenheit lauert, sich wegen seinem Falle zu rächen, und andern zu stürzen, um sich des gemeinschaftlichen Sturzes freuen zu können." (7. Januar 1811).

Die wechselseitige Korrespondenz zwischen Ludwig und Müller hatte schon mit Ludwigs letztem Briefe vom 1. April 1810 aufgehört, in dem er seinen Dank für die Liste der Canova-Werke aussprach. Die Unterschrift lautete nur lapidar ,,Ludwig Kronprinz" und nicht wie sonst ,,Ihr wohlgeneigter". Haeffelin hat Müller noch eine Weile die Stange gehalten. So berichtet er über ein Urteil Thorwaldsens: ,,[...] er fügte hinzu, daß er niemanden kenne, der besser in der Lage und im Stande sei darin Erfolg zu haben als Müller, der darin seit 25 Jahren tätig sei". (27. 4. 1810).

Aber schon vorher taktiert Haeffelin. Einmal hält er wegen der Bedenken gegen Müller einen Brief Ludwigs mit Kaufbewilligung zurück, was er diesem am 30. 12. 1809 berichtet. Auf der anderen Seite nimmt er Müller gegen Ludwigs Kritik ,,Da Teufels Müllers Gewalt nicht mehr die alte ist, sind die Forderungen gewiß auffallend minder" (13. 1. 1811), wie sie auch schon früher geäußert wurde, in Schutz. Man müsse einem Kenner wie Müller verzeihen (,,Il faut pardonner Monseigneur à un connaisseur comme Muller"), wenn er die antiken Statuen höher schätzt. Er taxiere sie objektiv wohl richtig, nütze aber die schlechte wirtschaftliche Lage der Eigentümer nicht aus. Diese müßten wegen der hohen Kontributionen in den Kriegszeiten billiger verkaufen und nicht deshalb, weil Müller sich nicht mehr einmische.

1810 war also Müllers offiziell gebilligte Tätigkeit als Kunstagent zu Ende. Als im Jahr 1811 ein Kunsthändler in München sich über Müllers schlechte finanzielle Situation und wohl auch über von ihm beklagte Intrigen äußert, schreibt Müller an Ludwig, wobei er sich entschuldigt: ,,obwohl in Ungnade" und

„Eure Königliche Hoheit nicht mehr mit voriger Huld auf mich blicken", wie er durch Haeffelin und Mehlem erfahren habe. Er habe zwar seit einem Jahr seine Pension nicht erhalten, aber eine besondere Belohnung für seine Tätigkeit habe er trotzdem nicht gefordert. (17. 8. 1811).

Ludwig teilt dies sogleich Wagner mit. „Nach fast jährigem Stillstand Brief von M in welchem er sich beklagt verläumdet worden zu sein, aber nicht ihnen [Wagner] wohl aber Carlis nennt. Daß ich ihnen geschrieben sagen sie nicht, nicht daß ich seinen Brief empfangen. Haben sie starke Mutmaßung daß Teufelsmüller hintertreibt, namentlich Herkules Statue betreffend;

Wenn dann was ihre Gesinnung über mein zu habendes Benehmen. Drohen wegen seiner Pension? oder was sonst?"[13]

Dieser Brief ist in verschiedener Hinsicht aufschlußreich. Wir erfahren, daß in der Tat seit Sommer 1810 kein Briefwechsel mit Müller mehr stattfand. Wagner soll Müller nicht verraten, daß Ludwig ihm geschrieben und nicht, daß er Müllers Brief erhalten hat. Das ist für einen Fürsten ein nicht gerade sehr vornehmes Verhalten, und man kann sich nur schwer erklären, warum Ludwig darauf solchen Wert legt. Daß er aber immer noch die Beziehungen Müllers fürchtet und ihm ein Hintertreiben zutraut, ist wohl dem Mißtrauen zuzuschreiben, zu dem in jener Zeit Fürsten allen Grund hatten. Müller hatte aber sicherlich keine Gelegenheit mehr, Geschäfte Wagners, der ja auch nicht als Verleumder genannt wurde, zu hintertreiben.

Am erstaunlichsten ist aber die Frage, ob er ihm, so ist es wohl gemeint, mit dem Entzug seiner Pension drohen solle! Man halte dagegen die bis auf die jüngste Zeit in der Müller-Forschung wiederholte Behauptung, Ludwig habe Müller zum Hofmaler ernannt und ihm eine Pension verschafft. Ich habe die Haltlosigkeit dieser These an anderer Stelle ausführlich dargelegt.[14]

In den Jahren 1809 und 1810 hat Müller eine gewisse Ablenkung von diesen Enttäuschungen durch die Vorbereitung der Ausgabe seiner dichterischen Werke gefunden. Sie wurde von seinem Freund Dr. Georg Anton Batt in Heidelberg für ihn betreut, 1811 erscheinen drei Bände. Später beklagt er sich bei Max von Freyberg, man habe ihn aus Neid beim Kronprinzen verleumdet, dessen er sich eigentlich immer ganz sicher gewesen sei. Haeffelin habe ihm mitgeteilt, der Kronprinz empfinde Mißtrauen gegen ihn, und so habe er sich zurückgezogen; es kam ihm alles unerwartet.[15]

Schlechte Noten für Maler Müllers Antikenkäufe

Wie ist es inzwischen Wagner ergangen? Es lief nicht alles gleich so, wie er und Ludwig es sich vorgestellt hatten. Nicht lange mehr konnte man dem „Mäkler Teufelsmüller" die Schuld zuschieben. Am schwierigsten waren die Verhandlungen mit dem Hause Braschi und die wegen des Fauns. Am 23. Juni 1811 schickt er eine Liste von antiken Stücken, die er nach Qualität ordnet: Ausgezeichnet: 1; Schön: 16; Mittelmäßig: 10; Schlecht: 14. Die bereits gekauften

Werke hat er rot unterstrichen, fast alle durch Müller erworbenen hält er für schlecht.

Aber auf Wagner wartet eine neue große Aufgabe. Seit Juli 1811 sind die Ausgrabungen auf Ägina bekannt. Ludwig will Wagner sofort losschicken, aber dieser weigert sich zunächst. Am liebsten würde er überhaupt seine Entlassung als Kunstagent erbitten. Er kommt mit 700 Gulden nicht aus (Müller hat 500, wenn er sie überhaupt erhält!). Wegen der zahlreichen Aufträge kann er nicht als Künstler arbeiten, um etwas zu verdienen; er muß aus eigenem Vermögen zusetzen.

Im Jahre 1812 kommt Galerie-Inspektor Dillis wieder nach Rom und schließt mit Wagner einen Handel über den Wiederverkauf von 15 Erwerbungen Müllers, die sie ,,Ausschuß'' nennen, ab. Der geschickte römische Händler merkt natürlich, daß sie die Stücke nicht hoch einschätzen und sie müssen noch 1 000 Scudi dazu bezahlen, um einen Silen und einen Faun dafür einzutauschen. Wagner teilt Ludwig mit, daß sie nur ein Viertel des Preises für die gekauften Stücke aus der Ära Haeffelin/Müller zurückerhalten hätten (2. 5. 1812).

Als Müller von den Wiederverkäufen erfährt, wird er wütend. Am 13. August 1812 berichtet Wagner: ,,Müller schlägt wirklich Teufels Lärmen. Ich weiß nicht, was ihm mag zu Ohren gekomen seyn. Er kam kürzlich ins Studium zu Carlis mit größtem Ungestüm und Wuth und verlangte zu wissen wer gesagt hätte, daß der größte Theil von seinen für Euer Königliche Hoheit gekauften Sachen schlecht oder moderne Ergänzung sey; Welches wohl von Carlis Unklugheit selbst herrühren mag, der sich immer, als solche Antiken in seinem Studium aufbewahrt wurden, darüber lustig machte. Genug, er drohte, uns alle vor aller Welt als Ignoranten und schlechte Menschen öffentlich durch den Druck bekannt zu machen. Wollte auch deswegen zu Eberhart und Thorwaldsen gehen, ob er aber bey solchen gewesen, weiß ich nicht, zu mir ist er nicht gekommen.''

Heute urteilt man über den Wiederverkauf etwas anders. Raimund Wünsche von der Münchener Glyptothek schreibt: ,,Man hat später diese Erwerbungen stark kritisiert. Zum Teil zu unrecht; denn es stand ihm nur wenig Geld zur Verfügung. [...] Dillis versicherte dem Kronprinzen, er hätte ,,für den elenden Quark der 15 Stücke'' nicht einmal 200 Sc gegeben. Ob man den Handel auch heute noch so beurteilen würde, ist eine andere Frage.''[16]

Schließlich hat Wagner dem Drängen Ludwigs doch nachgegeben und reist am 30. September 1812 in Richtung Otranto ab, um die ,,Ägineten'' zu kaufen. Erst am 27. August 1813 kehrt er von der schwierigen aber erfolgreichen Expedition zurück. In den folgenden Jahren haben Wagner und Müller wenig Berührungspunkte. Bei manchen Gelegenheiten treffen sie sich natürlich wie zum Beispiel beim Fest, das die deutschen Künstler in Rom dem scheidenden Kronprinzen am 29. April 1819 gegeben haben. Unter Nr. 9 von 90 Anwesenden führt Wagner in seiner Liste an: ,,Müller als Poet, Mahler''. Müller hatte ein

Festgedicht als ,,Anrede" an Ludwig gedichtet. In seiner Liste über ,,deutsche Künstler in Rom im Winter 1823 — 1824" führt Wagner unter Nr. 1 an: ,,*Müller* Maler. Via della Consulta. Nr. 13."

### III.

Erst der ,,alte Müller" findet in Wagner einen freundlichen Landsmann, der sich ein wenig um ihn kümmert. Der Kronprinz hatte Müller längst seine volle Gunst wieder zugewandt und ihn bei einem Romaufenthalt wiederholt zu Tisch eingeladen.

Im November 1824 heiratet der preußische Kronprinz, der spätere König Friedrich Wilhelm IV., eine Schwester Ludwigs von Bayern. Die Künstler malten oder zeichneten Bilder für ein Album als Hochzeitsgeschenk; auch Müller beteiligte sich — sogar mit zwei Bildern.[17] Wagner berichtet am 8. Juli 1824: ,,Hier lege ich alleruntertänigst eine Abschrift von dem Schreiben bey, welches in Betreff jener Zeichnungen, welche die preußischen und baierischen Künstler für das königliche Brautpaar verfertigt haben, an Herrn von Bartoldi[18] ergangen ist. Dieser ließ es unter den daran theilnehmenden Künstlern herumgehen. Unser Maler Müller, der übrigens gar nicht damit zufrieden war, freute sich doch ganz besonders über den darin enthaltenen Ausdruck der *jungen hoffnungsvollen* Männer, zu denen er hiemit auch gerechnet wird, und fühlte sich dadurch ganz wunderbar gestärkt."

Wagner über Krankheit und Tod Maler Müllers

Im September 1824 erlitt Müller einen Schlaganfall, worüber Wagner im Brief vom 30. September 1824 berichtet: ,,Unser alter Müller hat in der Nacht vom 24 auf den 25ᵗ dieses einen Schlagfluß bekommen, der ihm die eine Seite in etwas gelehmt hat. Es ist zu befürchten, daß bei wiederholtem Anfall er unterliegen muß, und sein 50jähriges Jubiläum in Rom nicht erreichen wird. Doch ist deswegen noch nicht alle Hoffnung aufzugeben." Auf eine Anfrage Ludwigs antwortet er am 5. November: ,,Herr Müller ist fast völlig wiederhergestellt, geht auch schon wieder aus. So wie ich ihn sehe, werde ich nicht ermangeln, ihm Höchstdero Theilnahme bekannt zu machen." Im Frühjahr 1825 schien es ihm noch einmal besser zu gehen. ,,Müller besucht noch immer nach wie vor sein gewöhnliches Caffeehaus. Doch scheint sein Zustand keine lange Dauer zu versprechen, so wie mich der Arzt versicherte, doch wollen wir immer das Beste hoffen." (24. März 1825).

Als Ludwig beabsichtigte, dem 1803 in Aschaffenburg verstorbenen Dichter Wilhelm Heinse ein Denkmal setzen zu lassen, wollte man ein Bild und einen Schattenriß nach Rom schicken, und Müller sollte sich zur Ähnlichkeit äußern. Ludwig bat Wagner, im Gespräch mit Müller darüber vorsichtig zu sein, da alte Leute manchmal abergläubisch seien. Als die Bilder angekommen waren, berichtet er: ,,Mit Herrn Müller habe ich so von weitem davon gesprochen, daß Euer Königliche Hoheit gesonnen wären, Heinsens Büste machen zu lassen. Und da ich fand, daß es keinen unangenehmen Eindruck auf ihn machte, so sezte ich mein Gespräch damit weiter fort. Er sagte mir, daß er sich an Heinsens Gesichtsbildung noch so deutlich erinnere, als wenn er ihn vor sich sehe.[19]

Es ist also von dieser Seite nichts zu befürchten. Unterdessen muß ich gestehen, daß mir sein Zustand gar nicht gefällt. Man bemerkt ein plötzliches Abnehmen aller seiner Kräfte an ihm, selbst mit der Sprache will es nicht recht fort." (4. April 1825).

*Brief von Martin Wagner an Kronprinz Ludwig vom 22. 4. 1825. Passage über Müllers Tod. München, Geheimes Hausarchiv.*

In der Tat ging es nun mit Müller zu Ende. Wagner ist ihm ganz zugetan und schreibt am 22. April: ,,Der liebe alte Müller wird wohl zur Verfertigung von Heinsens Brustbild wenig beitragen können. Es sind heute grade 8 Tage, daß ich mich mit ihm verabredet hatte, ihm Heinsens Bildniß zu zeigen, um sein Urtheil darüber zu vernehmen. Er schien vergnügt zu seyn, das Bildniß des alten Freundes zu sehen, und versicherte nochmals, daß er ihn noch so im Gedächtnis habe, daß er ihn zeichnen könnte. An dem andern Tage als dieses geschehen sollte, fand ich ihn nicht; Man sagte mir, daß er nach Albano und Frascati gegangen, um sich ein wenig zu erhohlen. Allein er war kaum in Frascati angekommen, so fühlte er sich schlechter, und verlangte nach Rom zurück. Er schickte daher jemand herein an den Byström, welcher auch sogleich hinausfuhr, und ihn nach Rom brachte, und in Giardino da Malta ein Zimmer einräumte.[20]

Da liegt er nun seit einigen Tagen ohne Wahrscheinlichkeit, sich wieder zu erhohlen, denn er ist ganz erschöpft und ich möchte sagen, mehr todt als lebendig. Als ich ihn gestern wieder besuchen wollte, stand ich eine Zeit vor ihm, ohne daß er mich erkannt oder ein Zeichen gegeben hätte. So verließ ich ihn, so ganz in sich vertieft, von Brustbeklemmung übermannt, so nahe am Ende! — —

Mich hat dieser Anblick aufs innerste gerührt. Ich möchte für ihn wünschen, daß er bald endigen möchte, weil mir zur Wiedergenesung gar keine Möglichkeit scheint. Seit seinem Schlagfluß haben ihn seine Kräfte zusehends, ja mit jedem Augenblick mehr und mehr verlassen. Von Besserung kann daher die Rede nicht seyn. Rom den 22ten April Obiges habe ich gestern geschrieben. Diesen Morgen erfuhr ich von Herrn Byström, daß Hr. Müller heute als den 23. April bey tagesanbruch verschieden ist, und wahrscheinlich Morgen Abend in der Kirche von St. Andrea delle Fratte begraben werden wird, wo auch R. Schadow und Angelica Kauffmann begraben liegen. Sein letzter Wille ist noch nicht bekannt." (23. April 1825).

Am 5. Mai kommt Wagner noch einmal auf Müllers Tod zurück. ,,Herr Müller war, nachdem ihn einmal der Schlagfluß getroffen, im eigentlichen Verstande schon mehr bey den Todten als bey den Lebendigen. Doch hatte hiebey sein Gesicht im Verhältniß am wenigsten gelitten; umso schlimmer gings mit dem Sprechen und mit dem Gehen." Wenn man an die ersten Konflikte zwischen Wagner und Müller denkt, bei denen sich Wagner allerdings — von den Schmähungen im Gutachten über A. Kauffmann einmal abgesehen — immer ziemlich maßvoll verhalten hatte, so ist es eindrucksvoll, nun diese so menschliche Hinwendung zum ,,lieben alten Müller" zu finden. Sicherlich war Wagners Charakter nicht so schlimm wie der verärgerte Gesandte Haeffelin an Ludwig beschwerdeführend schrieb: ,,Der Hr. Wagner hat Talent; aber er ist ein schlechter Kopf; er ist von einem dünkelhaften und unverträglichen Charakter, er hat mir davon schon Proben gegeben." Er sei seinem Sekretär gegenüber impertinent und grob gewesen, so daß dieser ihm die Tür gewiesen und ihm verboten habe, den Fuß wieder in die Gesandtschaft zu setzen.[21]

Johann Martin Wagner ist der einzige Zeuge, der über Müllers letzte Tage unmittelbar berichtet hat, da wir von Byström keine Äußerungen besitzen. Schon Bernhard Seuffert hat aus dem Wagner-Institut der Universität Würzburg Konzepte von Wagners Briefen an Ludwig für seine Müller-Monographie (1877) benutzt. Das einzige autobiographische Zeugnis über seine letzte Zeit ist in einem Briefe Müllers enthalten, den er am 11. Dezember 1824 an den Grafen Karl von Seinsheim geschrieben hat.[22] Er berichtet darin ausführlich von seinem ersten Schlaganfall im September 1824.

## IV.

Zu den wichtigsten offenen Fragen in der Maler-Müller-Forschung gehört die genaue Rekonstruktion der Nachlaßgeschichte, was für die Edition einzelner Werke, besonders auch des späten Faust, von großer Bedeutung ist. Zwar liegt seit fast 100 Jahren der größte Teil des römischen Nachlasses im Freien Deutschen Hochstift in Frankfurt, aber bei den Vorarbeiten zur Werkausgabe haben sich Lücken gezeigt. So wäre es zum Beispiel wichtig zu wissen, ob das gesamte Faust-Manuskript, das von Cotta zurück nach Rom gekommen war — Müller bedankt sich dafür am 11. 12. 1824 bei Seinsheim — mit Müllers nachgelassenen Manuskripten auch wieder vollständig nach Deutschland kam. Welchen Weg nahm der Nachlaß? Wer waren die ,,Erben''? Was wurde aus Müllers Bildern? Hat womöglich Byström Arbeiten Müllers mit nach Schweden genommen? Wir können hier als unveröffentlichte Quellentexte vorlegen, was Wagner seinerzeit darüber berichtet hat.

Bisher zum Teil unbekannte Einzelheiten über Maler Müllers Nachlaß

Er schreibt am 17. Mai 1825: ,,Mit Herrn Müllers Nachlassenschaft hat es folgende Bewandtniß. Byström hat er alle seine Gemälde, Alte und Eigene, so wie die alten Handzeichnungen und Kupferstiche, von denen er eine bedeutende Sammlung besas, um 800 Scudi hinterlassen. Seine Bücher, welche unter den noch übrigen Sachen das beträchtlichste ist, sollen nebst seinen übrigen Effekten als Kleidungsstücken, Gipssachen etz verkauft werden. Auf 2 000 Scudi, die Summe von 800 Scudi, welche Byström für die Gemälde und Kupferstiche bezahlt hat, miteingerechnet, mag sich daher seine Paarschaft belaufen. Es fragt sich, wieviel aus seinen Büchern und übrigen Möbeln gelöst wird. Seine Schriften, worunter mehrere Manuscripte enthalten, wurden zusammen von Hr. v. Mehlem in 2 Alten Koffern gethan. Darunter befinden sich auch ein Paket von Briefen, die Müller von Euer Königlichen Hoheit erhalten. Was damit geschehen wird, weiß ich nicht: Hr. von Mehlem ist, laut dem Testament zum Vollzieher desselben ernannt. [...] Herr Byström hat nach Müllers Absterben einen Abguß über sein Gesicht machen lassen.''[23] — Der

Gesandtschafts-Sekretär von Mehlem, ein Neffe Haeffelins, hat gleich nach dem Tode Müllers Schritte eingeleitet, um die bare Hinterlassenschaft seinen Verwandten in der Pfalz zukommen zu lassen.[24]

Am 23. Juni 1825 gibt Wagner einen längeren Bericht über die Umstände des Todesfalls. ,,Die Bücher aus Müllers Nachlaß sollen, wie mir Hr. v. Mehlem sagte, öffentlich versteigert werden, allein dies wird erst im Oktober geschehen können, weil er nun mit seiner Familie auf das Land geht, und erst auf den Oktober wieder zurückkommt. Herr Müller ist wirklich in der Kirche St. Andrea delle Fratte begraben worden. Er ward, wie er ausgesagt hat, in einer schweren Krankheit ohne sein Bewußtsein katolisch gemacht, und wollte daher späterhin nichts mehr davon wissen. Allein da er einmal als katolisch eingeschrieben war, so wollte der Pfarrer um ihn sein Recht nicht verlieren, und kam also in seiner Krankheit zu ihm, als er bey Byström lag. Das erstemal fertigte ihn Müller ab; da aber der Priester nicht nachließ, ihn zu überlaufen, und Müller mit jeder Stunde schwächer wurde, so ließ er sich endlich alles gefallen, und wurde also demnach in der Pfarrei, in der er gestorben ist, begraben. Mit seiner Leiche ging meines Wissens niemand von den Deutschen, weil man ihn noch desselben Tags als er gestorben war, nach der Kirche brachte, ohne jemand davon zu benachrichtigen. In der Seelenmesse waren aber viele zugegen. Auf diese Weise ging es auch mit seinem Testament.''

Kronprinz Ludwig, der noch im Jahre 1825 seinem Vater als König nachfolgt, hat Wagner beauftragt, ihm aus Müllers Nachlaß von den Büchern oder Stichen etwas Interessantes zu besorgen, was Wagner mehrmals, im Juli und im September, auch verspricht. Näheres erfahren wir dann darüber nicht. Was den Verbleib seiner Manuskripte betrifft, so können wir Wagners Briefen nur folgende Angaben entnehmen. Am 24. September, als Mehlem vom Lande zurück ist, kann er nur wenig Neues berichten: ,,Was mit Müllers Büchern geschehen wird, ist noch offen. Müllers Briefschaften, Handschriften etz befinden sich gleichfalls in Mehlems Händen zusammen in einen Koffer gepackt. Was dieser weiter damit zu unternehmen gedenkt, ist mir nicht bekannt. Ich werde ihn aber fragen.'' Leider findet sich dann keine Mitteilung mehr über Mehlems Antwort.[25]

Erst am 5. September 1829 (Brief Nr. 522) lesen wir, daß am 27. August ein Transport nach München abgegangen sei, bei dem sich die Kiste Nr. 8 mit Büchern befand, ,,wozu auch des alten Teufels Müller sämmtliche Manuscripte gepackt wurden. [...] Diese 4 Kisten sind mit einer Aufschrift Eurer Kgl. Maj. versehen — sie gehen an die im Bau befindliche Glyptothek; Bau Insp. Ohlmüller soll sie weiterleiten und zwar Kiste 8 an Herrn Geh. R. von Kreutzer für Eure Kgl. Maj.'' Also muß wohl Mehlem diesen Teil des Nachlasses an Wagner zur Weiterleitung an den König (auf dessen Wunsch?) übergeben haben. Damit aber enden vorerst unsere Kenntnisse über den Weg, den Müllers Nachlaß von Rom aus genommen hat. Möglichkeiten des Nachforschens stehen hier offen. Wir verfügen nur über einzelne Äußerungen von späteren Nachlaßbesitzern, auf die hier nicht eingegangen werden kann. Die von Wagner erwähnten Briefe Ludwigs an Müller wurden beispielsweise erst 1971 von der Bayerischen Staatsbibliothek in München aus Privatbesitz bei einer Versteigerung gekauft. Die Briefe Müllers an Ludwig dagegen befinden sich im Bayerischen Geheimen Hausarchiv. Es ist also anzunehmen, daß der handschriftliche Nachlaß Müllers Ludwig gar nicht erreicht hat oder von diesem an Erben Müllers ging, die dann einen großen Teil dieser Schätze im 19. Jahrhundert, ja sogar bis in unsere Gegenwart hinein verschlossen hielten. Dabei ist der Begriff ,,Erben" hier recht problematisch, denn die Verwandten in der Pfalz, die Mehlem in einem Briefe an den Bischof in Speyer irrtümlich die ,,armen Verwandten" nennt, sollten ja nur das aus der Versteigerung zu erlösende Bargeld erhalten.

Daß viele Jahre später Wagner sich noch einmal im Auftrage des inzwischen abgedankten Königs Ludwig mit dem ,,Teufels-Müller" befaßte, als Ludwig ihm in der Kirche S. Andrea delle Fratte eine Gedenktafel setzen ließ, ist bekannt. Seuffert hat bereits 1877 die entsprechenden Briefstellen dazu veröffentlicht, und wer sich für Müller interessiert, weiß, daß man noch heute in Rom dieses Zeugnis der Erinnerung an Maler Müller sehen kann. Hier kam es darauf an, Aussagen Johann Martin Wagners als Kunstagenten und Korrespondenten Ludwigs von Bayern über Friedrich Müller als Quellentexte zu veröffentlichen. Da die Briefe Wagners noch nicht gedruckt sind, mögen diese archivalischen Funde zur Klärung einiger in Müllers Leben und Handeln umstrittener Punkte beitragen.

Anmerkungen

1. Bischof Kasimir von Haeffelin, bayerischer Gesandter am Päpstlichen Stuhl, an Ludwig von Bayern. Bayerisches Geheimes Hausarchiv München NL Ludwig I. I.A 19/I. Alle Zitierungen und Auszüge aus diesen Briefen mit freundlicher Genehmigung S. K. H. Herzog Albrechts von Bayern. Die Zitate der Briefe, die in der französischen Sprache der Diplomaten geschrieben sind, wurden von mir übersetzt.
2. Briefwechsel zwischen Ludwig I. von Bayern und Georg von Dillis 1807 — 1841, herausgegeben und bearbeitet von Richard Messerer. München 1966, Nr. 20.
3. Torlonia, eine römische Familie, die ihren Aufstieg Giovanni Raimondo Torlonia (1754 — 1829), dem Bankier der Päpste Pius VI. und VII. verdankt. 1809 erhielt er den Titel Marchese di Roma Vecchia; sein Sohn Alessandro, Fürst von Civitella-Ces, war einer der größten Kunstsammler Roms (nach Messerer).
4. Joseph Fesch (1763 Ajaccio — 1839 Rom). Halbbruder der Mutter Napoleons, wurde 1802 Erzbischof von Lyon, 1803 Kardinal, 1806 Koadjutor von C. T. Dalberg, dem Fürstprimas des Rheinbundes. Seine kirchenfreundliche Haltung auf dem von ihm geleiteten Pariser Nationalkonzil 1811 trug ihm die Ungnade Napoleons ein. 1814 floh er mit Laetitia nach Rom. Er war ein bedeutender Kunstsammler (nach Messerer). — Müller soll ihm ,,seine" Gemälde verkauft haben, wobei unklar ist, ob außer Gemälden seiner verkäuflichen Sammlung auch solche von ihm selbst dabei waren. Nachforschungen beim Fesch-Museum in Ajaccio ergaben, daß dort keine Müller-Gemälde vorhanden sind.
5. Glyptothek — Katalog 1980, S. 18 f.
6. Weitere Fakten zu Müllers Agententätigkeit gehen aus einem kritischen Brief Haeffelins an Ludwig vom 12. November 1808 hervor. ,,Die Verhandlungen, die bisher geführt wurden, um die fünf Statuen aus dem Hause Braschi zu erhalten, haben keinen Erfolg gehabt. Ich habe nicht geglaubt, Müller allein handeln lassen zu dürfen, weil er zu leicht(fertig) ist (,,qu'il est trop facile") und weil er es liebt, große Geschäfte abzuschließen. Ich habe veranlaßt, daß der Inspektor Dillis ihn zum Agenten des Braschi begleitete und daß sie zusammen verhandelten. Dillis ist nicht sehr zufrieden mit Müller, weil er sich mehr für die Interessen von Braschi als für die des Hofes eingenommen zeigte." Trotzdem wurden Müller die weiteren Aufträge noch nicht entzogen, ja, er erhielt sogar noch eine vom König und Minister Montgelas bewilligte Gratifikation von 800 Gulden.

7. Sammlung Marschall-Karlsruhe, Erbe des Sammlers Baron von Üxküll, der bei seinen Romreisen viel mit Müller zusammen gewesen war und sich später beim Verlag Cotta für ihn verwendet hat. Für die Überlassung von Briefen Wagners und Müllers an Üxküll habe ich Herrn Dr. von Renz zu danken.
8. L. Urlichs: Johann Martin von Wagner. Ein Lebensbild. Würzburg 1866, S. 9, und Winfried Fhr. v. Pöllnitz: Ludwig I. und Johann Martin von Wagner. München 1929, S. 38 f.
9. Die Briefe Wagners an Ludwig, fast 1 000 Stück, befinden sich im Bayerischen Geheimen Hausarchiv München, aus denen ich mit freundlicher Genehmigung S. K. H. des Herzogs von Bayern zitiere. (Sign. NL Ludwig I. I.A. 34). Die Briefe Ludwigs an Wagner werden im Wagner-Institut der Universität Würzburg aufbewahrt.
10. Eine ausführliche Darstellung der Wagnerschen Agententätigkeit gibt Raimund Wünsche im Jubiläums-Katalog der Glyptothek (1980).
11. Vgl. Rudolf Fendler: Johann Casimir von Haeffelin. 1737 — 1827. Historiker — Kirchenpolitiker — Diplomat und Kardinal. Mainz 1980. ( = Quellen und Abhandlungen zur mittelrheinischen Kirchengeschichte. Band 35).
12. D. F. Strauß: Kleine Schriften. 1862, S 286.
13. Am 31. 8. 1811 aus Salzburg, zitiert nach Bernhard Seuffert: Maler Müller. Berlin 1877, S. 618.
14. Wolfgang Schlegel: Hat Kronprinz Ludwig von Bayern Maler Müller zum Hofmaler mit Pension ernannt? In: Pfälzer Heimat 35 (1984) H. 3, S. 111 — 119.
15. An Frhr. Max von Freyberg, 24. 6. 1815. Freies Deutsches Hochstift Frankfurt, Goethe-Museum, Sign. Nr. 9351.
16. Raimund Wünsche: Ludwigs Skulpturenerwerbungen. In: Jubiläums-Katalog der Glyptothek. München 1980, S. 25, 45. — ,,Ich will der Stifter werden einer Sammlung antiker Produkte der Bildhauerkunst" schreibt Ludwig kurz nach seiner Rückkehr aus Rom an Müller. Diese erste Verlautbarung über den Plan einer Glyptothek zitiert Wünsche auch im Katalog Wittelsbach und Bayern. München 1980, Band III/1, S. 439.
17. Vgl. Wolfgang Schlegel/Ingrid Sattel Bernardini: Friedrich Müller. Der Maler. Landau 1986.
18. von Bartholdy, Preußischer Generalkonsul in Rom, Förderer der deutschen Künstler.
19. Wilhelm Heinse war 1781/82 mit Müller im Rom zusammen. In seinen Roman ,,Ardinghello" sind Anregungen aus jener Zeit eingegangen.
20. Byström, ein erfolgreicher schwedischer Bildhauer, mit dem Müller eng befreundet war, damals Besitzer der Villa Malta, die später Ludwig erworben hat.
21. GHA München NL Ludwig I. I.A. 19/II vom 22. Juni 1812 aus Neapel.
22. Erst 1984 erhielt ich durch freundliches Entgegenkommen des Freiherrn von Hoenning-o-Caroll Einblick in einige Briefe Müllers an Seinsheim. Darunter war dieser, der wohl überhaupt sein letzter Brief sein mag. — Nachlaß Graf Karl Seinsheim: Freiherr von Hoenning-o-Caroll, Sünching (Oberpfalz).
23. Über den Verbleib dieser Totenmaske ist bisher nichts bekannt.
24. Im Jahre 1984 fand sich im Archiv des Bischöflichen Ordinariats zu Speyer ein Brief Mehlems mit der Bitte um die Adressen der ,,armen Verwandten" Müllers in Deutschland, damit er ihnen den Erlös von etwa 4 — 5 000 Gulden aus dem Verkauf von Müllers Nachlaß zukommen lassen könne. Dem Bischöflichen Archivar, Herrn Dr. Ammerich, verdanke ich diesen und auch einen Antwortbrief des Pfarrers in Kreuznach.
25. Versuche von Frau Dr. Sattel Bernardini, bei der Familie von Mehlem in Rom etwas über den Nachlaß des Sekretärs zu erfahren, waren vergeblich.

# Maler Müller
## „Poesie und Mahlerey"
Gedichte zur Kunst

Friedrich Müller hatte eine gründliche Ausbildung als Maler und dadurch auch sehr klare Vorstellungen über den Rang und die Ziele der Kunst. Neben den begeisterten Würdigungen seiner Vorbilder stehen, vor allem in der römischen Zeit, auch kritische und ironisch-satirische Texte.

„Die Schwestern" ist Schlußstrophe eines sehr umfangreichen, noch ungedruckten Gedichtes „Poesie und Mahlerey".

    die Schwestern.

der Schwestern sind zwey
die alles umweben
die alles beleben
Poesie und Mahlerey.
    \* \* \*
    Der Mahler.

Er zeichnet richtig mit Fleiß und Müh',
Er färbet lieblich, klar und rein,
Er pinselt fertig, leicht: doch nie
War er, noch wird er Mahler seyn.

    Ein Räthsel! Ha, wo fehlts denn? Wie?
Am Einzigen, an Phantasie.
    \* \* \*
    Der seraphische Dichter.

Er: Für Engel, nicht für Menschen sang der Dichter sein Gedicht.
Sie: Was Menschen nicht erfreuet, das ergötzt auch Engel nicht.
    \* \* \*
    Orpheus-Klopstock.

Einst rückt' nach hohem Fluge
Calliopeja selber
Des Sohnes Leyer wieder
Herunter von den Sternen,
Und trug auf Klopstocks Schoos sie,
Damit die Langverwaiste,
Sich tröstend im Gesange,
Von Neuem einmahl schalle.

Des großen Barden Finger
Durchliefen leicht die Saiten.
Wie Sturm im regen Hayne,
Wie leiser Wellenlispel,
Bald hoch, bald niedrig rauschten
Im vollen Flug der Töne,
Und Harmonien quollen
Auf Harmonien mächtig.

Gleich Sonnenadlern schwangen
Sich hehr empor die Oden,
Du heil'ge Frühlingsfeyer,
Du Zürcher See, die Welten,
Und gleich Apollos Schwänen,
Auf Silberteichen kreisend
In feyerlicher Stille,
Und wie die sanfte Klage
Der Nachtigall aus Büschen,
Bey Lunas mattem Schimmer
Durch Blumenthau herschwebend,
Ihr wehmuthsvollen Lieder,
Du Bardale, der Jüngling,
Die Sommernacht und Selmar
Mit Selma, und die frühen
Vom Moos umwallten Gräber.

Thal, Wald und Anger staunten
Dem neuen Klang; die Ströme
Verweilten, horchend hingen
Die Felsen her zum Liede,
Es strebten auf die Quellen,
Und trunkne Sterne sanken
Durch Nacht der Erde näher,
Gezogen von dem mächt'gen,
Erhabnen Klang der Saiten.

Da seufzt Calliopeja,
Die Mutter, hingelehnet
Am Felsen, horchend lange.
Vor Wonn' und Schmerzen rinnen
Ihr heißer nun die Zähren;
Gewaltsam fortgezogen,
Eilt sie mit offnen Armen

Daher, umfaßt den Dichter,
Und drückt ihn an den Busen:
Du bist's! Ach mir willkommen!
O sage, welch' Eurydice
Erlöste dich, mein Orpheus!

\* \* \*

### Shakespeare und Michel Angelo.

Shakespeare und Michel Angelo scheinen häufig dem Schüler
Leicht erreichbar, doch schwer ächten Meistern der Kunst.
Jener beachtet die äuß're Form nur, doch diese erwägen,
Dringend in's Inn're zugleich, tiefer liegenden Geist.

\* \* \*

### Unter Michel Angelo's Bildniß.

Betrachtet diesen Blick! Ihr schaut in diesem Strahl
Prometheus, als er kühn vom Himmel Flammen stahl.

\* \* \*

### Auf Raphaels Gemälde in der Farnesina.

Ja sie tragen an sich das Siegel des großen Erfinders
   Jegliches Wesen spricht aus Raphaels schöpferischem Geist.
Welch' ein Schwung der Idee! im Taumel der Psyche empfangen,
   Glühender Phantasie, zart von Amor durchhaucht.
Fornarina, du hieltst umschlungen am klopfenden Busen,
   Deinen Liebling, als er diesen Olympos entwarf;
Darum regt sich hier alles im Jubel des regsten Entzückens,
   Jegliche Gruppe ruft laut: Liebe beherrschet das All!

\* \* \*

### Rafael, Göthe, Achill

drey sind für mich eins, auch kann ich niemahls sie trennen
   beste! tief in der brust, Göthe, Rafael
und des Peleus kühnen Sohn, ein jeder fordert
   ganz mich durch sich auf, zelet mit gleichem Werth
Einer schafft dem Sinne was dem Gefühle der andre
   mächtig gewähret, durch Muth hebet des dritten That hoch
meine Phantasie, drey Blize Flammen strahlend jeder
   Eines Ursprungs nur aus des Jovis Faust
Also ziehet gleich Inseln die aus einer Wurzel
   stammen ob sie schon Meere trennen weit,

durch der Zeitengang sich hin die ewge Kette
   welche Stärck' an Stärcke schließet, also eilt
aus dem Flammenheere glänzender cometen
   Einer nun empor, und der andre läuft
Späther seine Bahn, sie ragen [?] einzeln, dennoch
   hält sie brüderlich fest ein band der Krafft.

   \* \* \*

   An den Psichologen.

Was einst Raphael fühlte, als er im Schoose der Mutter
   Lag als Säugling zeigst du skizirend uns
Samt dem reinen Muster von Angelos großen Windeln
   Wahrlich, so weit auf zum Quell hats noch kein andrer gewagt

   \* \* \*

   Der Maulwurff und der Venus-Kopff

Den Kopff von einer Venus
Von Stein, der in der Erde
Verschüttet lag, fand neulich
Ein Maulwurf schnüfelnd, lecket
drauf dessen Mund und Augen
Begirich: albern! rieff nun
Der Kopff ihm zu, suchst Nahrung
Bey mir du, was ich reiche,
Ist Augen-honig, Schönheit
Den Blinder du nie kostest.

   \* \* \*

   Morgengebeth der römischen Ciceronen.

Schick du uns nur ohn Unterlaß,
Der fremden Gänßlen, Schäflein baß,
Mit jedem neuen Morgen;
Fürs Kielen und fürs scheeren laß
Uns, lieber Herrgott! sorgen.

# August Stahl
# Spuren von Denkbewegungen und Emotionen im geschriebenen Brief

Anmerkungen zum Brief Maler Müllers an Christoph Kaufmann vom 23. Oktober 1776 anläßlich der geplanten Edition des Maler-Müller-Briefwechsels.

Erfreulicherweise hat die Deutsche Forschungsgemeinschaft dem von Gerhard Sauder und Wolfgang Schlegel eingereichten Antrag auf Unterstützung einer Ausgabe des Maler-Müller-Briefwechsels zugestimmt und das Unternehmen in ihr Förderungsprogramm aufgenommen. Damit ist der Grundstein gelegt für die geplante Gesamtausgabe der literarischen Hinterlassenschaft des Maler-Dichters. Die Ausgabe, zunächst der Briefe und dann des dichterischen Werkes, wäre der schönste Lohn für die unter Leitung von Wolfgang Schlegel und Rolf Paulus in der Pfälzer Arbeitsstelle für die Maler-Müller-Ausgabe erbrachten Vorarbeiten. Ohne das dort Geleistete, das Sammeln, Ordnen und Transkribieren, wäre an eine Ausgabe weder der Briefe noch des Werkes nicht nur nicht zu denken, sondern nicht einmal gedacht worden. Die in der Arbeitsstelle in Kaiserslautern getane Arbeit war mit andern Worten zugleich Anlaß, Argument und Beurteilungsgrundlage für die jetzt in Angriff zu nehmende Ausgabe der Briefe. Das von Wolfgang Schlegel bereitgestellte Material erlaubte ein ziemlich sicheres Urteil über Umfang, Wert und Probleme der Edition. Das Material vermittelte auch eine Ahnung von den Freuden und Leiden, die da auf die Herausgeber warten. Die folgenden Anmerkungen wollen davon berichten.

Der hier abgedruckte Brief Friedrich Müllers an Christoph Kaufmann vom 23. Oktober 1776 gehörte zu den bei der DFG eingereichten Unterlagen. Der Brief war nach zwei Gesichtspunkten ausgewählt worden. An ihm sollte die Technik der Edition gezeigt werden und er sollte als Beispiel fungieren für die Qualität und den Aussagewert des ganzen Briefwechsels.

Editionstechnisch empfahl sich der Brief, weil er, ohne allzu kompliziert zu sein, dennoch die besonderen Eigentümlichkeiten Maler Müllers zeigt. Der Brief liegt in nur einer Fassung vor und nicht wie viele andere in mehreren Stadien, vom Entwurf bis zur Reinschrift. Dennoch sind die Spuren seiner Genese in Streichungen und Nachträgen über der Zeile erkennbar. Der Brief macht deutlich, daß Müller schreibend formulierte, daß er mit den Gedanken seiner Hand nur wenig voraus war. Diese Schreibweise führte natürlich in vielen Fällen dazu, daß Müller die konzepthaften Versionen ins Reine schreiben mußte, wenn er es dem Adressaten schuldig zu sein glaubte oder es die Höflichkeit gebot.

Die unbekümmerte Verfassung des Briefes an Kaufmann erklärt sich dagegen leicht aus dem Umstand, daß der Empfänger ein Freund war, vor dem die

Ungeduld und Spontaneität und zuweilen auch die Entstehung der gelungenen Formulierung, die Arbeit beim Schreiben nicht verborgen werden mußte, ja als Zeichen des Vertrauens offengelegt werden konnte. Die Streichungen sind, soweit man das beurteilen kann, d. h. soweit das Gestrichene nicht ganz unleserlich gemacht ist und also noch zu entziffern war, in den meisten Fällen nicht nur Korrekturen von Verschreibungen. Diese kommen zwar auch vor, so etwa wenn *Pater* erst mit zwei t oder *treu* erst mit th geschrieben worden war. Es fällt auf, daß Müller in diesen Fällen nicht den einzelnen Buchstaben, etwa das überflüssige t in *Patter* oder das h in th(reu), streicht, sondern das ganze Wort bzw. den ganzen Wortansatz. Auch verbessert er nicht in ein Wort hinein. So schreibt er z. B. erst *gralb,* streicht dann den ganzen Wortteil und schreibt neu *grabbeln,* obwohl sich doch das l leicht in ein b hätte ändern lassen.

Es fragt sich, ob solche Sofortkorrekturen in der Edition berücksichtigt werden sollen. Einerseits sagen sie wenig aus, sind weder stilistisch noch inhaltlich von Belang, andererseits aber prägen sie doch das Erscheinungsbild eines Briefes und sind womöglich aufschlußreich für das Selbstverständnis des Briefschreibers und das Verhältnis zum Adressaten. Im Beispielbrief sind alle diese Fälle registriert, aber eine endgültige Entscheidung wird wohl erst nach gründlicher Einarbeitung in den gesamten Handschriftenbestand möglich sein. Falls Beschränkungen notwendig werden sollten, wäre wohl eher bei den Sofortkorrekturen als beispielsweise beim Kommentar zu kürzen.

Ist schon das Problem der Sofortkorrekturen nicht einfach mit leichter Hand abzutun, so gilt dies in ganz besonderem Maße für jene Textveränderungen, die zum Vorteil der Rhythmik und Klanggestalt vorgenommen wurden, die in Richtung einer Rhetorik des Erhabenen, des Feierlich-Pathetischen wirken und, oft zugleich, eine überraschend neue, vertiefende Betonung, Perspektivierung und Umakzentuierung im Inhaltlichen eröffnen.

Schon die erste Streichung, die Streichung des *mir* nach dem *er versprach* in der 2. Zeile des Briefes ist ganz offensichtlich eine weitreichende stilistische Korrektur. Grammatisch durchaus möglich *(er versprach mir),* hätte *mir* klanglich gestört. Abgesehen davon, erhält das Versprechen nach der Streichung des *mir* eine stärkere Verbindlichkeit. Hinzu kommt, daß durch die Tilgung dieses Dativpronomens eine Unsicherheit in der Zuordnung beseitigt ist. Das gestrichene *mir* an dieser Stelle konnte einmal zurückbezogen werden auf das vorausgehende *versprach* und auf das nachfolgende *sizen (mir ... zu sizen).* Diese Überlegungen zeigen, die Streichung des *mir* in der 2. Zeile belegt einen höchst sensiblen Umgang Maler Müllers mit der Sprache, zumal die Überprüfung des Kontextes auch ergibt, daß dem zweiten *mir* aus mancherlei Gründen der Vorzug vor dem ersten einzuräumen ist.

Viel einschneidender noch sind die textlichen Veränderungen im folgenden Abschnitt:

ein närrischer Streich ist mir doch mit ihm geschen — muß dirs doch erzehlen — ⟨aber⟩ als ich mitten im Zeichnen war voll gottes Wunder — vor mir sich alle Formen verlohren ich enthüllt vor mir üdZ [nichts] sahe als ⟨die⟩ üdZ [seine] würckende Seele ⟨in diesem Kopff⟩ — ⟨sprang ich⟩ gottes Athem in diesem genievollen gesicht sprang ich ⟨z⟩ auf — rieff — Herr ⟨Patter⟩ Pater — Sie sterben

Die Streichungen, Nachträge und Zusätze sind wahrscheinlich in drei Schritten erfolgt, jedenfalls läßt sich die Genese des endgültigen Textes in dieser Weise rekonstruieren.

Beginnen wir mit dem über der Zeile nachgetragenen *nichts*. Der Nachtrag wurde nötig, nachdem auf das *sahe* das *als* gefolgt war, oder auch schon, nachdem das *sahe* hingesetzt war. Man muß annehmen, daß sich der Gedankengang während des Schreibens in Richtung einer Verstärkung der ursprünglichen Aussageintention wendete. Aus *als ... ich enthüllt vor mir sahe die würckende Seele* wurde *als ... ich nichts sahe als die würckende Seele*. Die Ausgrenzung durch das *nichts* bewirkt eine gewaltige Akzentuierung des Gedankens, daß der Blick des Künstlers hinter die Physiognomie seines Modells reichte. Nach dieser erfolgreich in die Sprache umgesetzten Begeisterung für die frisch gewonnene Einsicht schrieb Maler Müller weiter: *die würckende Seele in diesem Kopff — sprang ich;* aber noch bevor das schon gedachte *auf (sprang ich auf)* hingeschrieben ist, hält er erneut inne, weil offenbar die Freude und Bewunderung für die *würckende Seele* noch nach einem sprachlichen Äquivalent verlangt. Die letzten Worte werden wieder gestrichen — nicht aber, wie sich zeigen wird, vergessen — um Platz zu machen für die dem christlichen Schöpfungsmythos entstammende Wendung von *gottes Athem.* Damit ist nicht etwa nur eine metaphorische Umschreibung für die *würckende Seele* erreicht, sondern der Endpunkt der künstlerischen Wahrnehmung, die in Umkehrung des Schöpfungsvorgangs vom Geschöpf über seine Seele zurückkehrt zur prima causa alles Seienden, zum schaffenden Schöpfergott selber. Die Streichungen und die überhöhende Wiederaufnahme des Akkusativobjekts *(würckende Seele — gottes Athem)* legen einen Erkenntnisprozeß offen, der während des Schreibens stattfand, während des Schreibens in Gang kam, bereits Geschriebenes überlagert, verschiebt und — wie die Reprise des Gestrichenen zeigt — teilweise modifiziert im Sinne des neugesehenen Zusammenhangs zwischen dem unmittelbar vorgegebenen Modell und seinem längst gewußten oder geglaubten Ursprung. Jetzt ist erst der Ton getroffen, der vielleicht schon von Anfang an gemeint war, der sich aber erst beim Schreiben umsetzte in Sprache und Rhythmus, jetzt erst schwingt die Periode in den richtigen Metren und Klängen und Worten; aus *diesem Kopff* wird jetzt *in diesem genievollen gesicht,* womit nicht nur dem doppelten Trochäus von *gottes Athem* ein jambisches Gegengewicht gefunden, sondern auch eine stabreimende Figur erreicht ist. Jetzt ist auch jene Begeisterung sprachlich realisiert, die die zunächst gestrichene gestische Reaktion *(sprang ich auf)* ausreichend motiviert. Vielleicht wurde jetzt in einem letzten Schritt auch das *die* durch *seine* ersetzt, weil das zweisilbige Possesivpronomen dem mit der Ausklammerung des Akkusativobjekts bereits anhebenden Pathos der Rede besser zu entsprechen schien.

Wie man sieht, trifft der Eindruck der Lässigkeit, den die Briefhandschrift macht, nur in einem ganz äußerlichen Sinne zu. Die genauere Betrachtung des Entstehungsprozesses legt offen, daß die Abbrüche, Nachträge und Streichungen, daß das, was das äußere Bild und die schöne Form des Briefes stört, tatsächlich Spur einer äußerst aufmerksamen und bewußten Gestaltung und Sprachgebung ist.

Die Einsicht in den Wert der Entstehungsstufen des endgültigen Textes erleichterte natürlich die Entscheidung, die Entstehungsvarianten in die Ausgabe der Briefe aufzunehmen. Schwieriger war die Frage zu lösen, ob die Streichungen, Zusätze und Nachträge im Text selbst oder: (wie im folgenden Briefbeispiel) gesondert in einem Apparat aufgeführt werden sollten. Für die erste Form sprach die Tatsache, daß der Entstehungsprozeß augenfälliger und unübersehbarer vermittelt (um nicht zu sagen aufgezwungen) worden wäre. Allerdings hätten in den Text eingefügte Varianten die Lektüre erschwert und den vor allem am Informationswert der Briefe interessierten Leser möglicherweise sogar gestört. Hauptsächlich um der besseren Lesbarkeit willen entschieden sich die Herausgeber für die Darstellung der Textgenese in einem auf den Text folgenden Apparat.

Eine Quelle großen Kummers und nur mit einem langsam zu erlernenden Gleichmut zu ertragen ist die kaum zu lösende Frage der Groß- und Kleinschreibung in den Briefen. Die Schwierigkeit hat hauptsächlich zwei Gründe. Der erste Grund ist der, daß Maler Müller die Groß- und Kleinschreibung nicht konsequent handhabt. Er schreibt zwar die Eigennamen, z. B. *Ehrmann, Heidelberg,* meist groß, nicht aber die Substantive im allgemeinen. Zwar kann man sagen, daß in seinen Briefen die Tendenz zur Großschreibung der Substantive erkennbar ist, aber ihre Großschreibung ist eben nicht durchgehalten. So ist im nachfolgend abgedruckten Brief das Wort *Tag* mehrmals kleingeschrieben, aber auch einmal groß, während umgekehrt das Wort *Bruder* sechsmal groß- und zweimal kleingeschrieben ist. In dem gleichen Satz steht hintereinander *bögen* klein und *Papirchen* groß. Die Verben sind in der Regel kleingeschrieben, es kommt aber auch vor, daß sie großgeschrieben sind *(Mahlen, Zeichnen).*

Diese Unsicherheit wird (zweitens) dadurch verstärkt, daß die Groß- und Kleinbuchstaben nicht klar voneinander abgesetzt sind, weder in der Form noch in der Größe. Die Verwirrung ist je nach Buchstaben unterschiedlich. Deutlich differenziert ist die Schreibung bei B, b / E, e / F, f / H, h / L, l R, r / S, s / und T, t. Bei diesen Buchstaben kann sich die Transkription an die Form der Buchstaben halten. Aber bei vielen andern, bei A, a z. B. oder

G, g kann man sich fast nur an der Größe orientieren, was verständlicherweise zu enormen Unsicherheiten führt. Das Wort *Gott* etwa kommt sehr häufig vor, in sehr verschiedenen Kontexten und das G ist nicht eindeutig als ein wesentlich größer als üblich geschriebener Kleinbuchstabe g zu erkennen. Aber kann man sich für Kleinschreibung des Wortes *Gott* entscheiden, wo das Wort *Hund* in diesem Brief immer mit einem großen H beginnt? Und wenn das g in *Gott* etwas größer geschrieben ist als in dem unmittelbar nachfolgenden *giebt*, aber eher etwas kleiner als in dem eine Zeile später stehenden Partizip *gekannt* und wenn man dann *Gott* mit einem großen G schreibt, bleibt einem nur die Wahl zwischen dem Zweifel, möglicherweise nur aus Kleinmut ein großes G gelesen zu haben, und dem Vorwurf an die Drucktechnik, die nur große und kleine Buchstaben kennt und nichts, was dazwischen liegt. Die Bedenken, die die Entscheidungen da unvermeidlich begleiten, sind freilich die Folge des Entschlusses, die Manuskripte leicht zugänglich und bequem verfügbar zu machen, und somit immerhin in einer guten Tat aufgehoben.

Schließlich wird man für die Schwierigkeiten, die die Entzifferung der Handschriften und ihre Umsetzung in einen lesbaren Text mit sich bringen, durch die Briefe selbst, ihren informellen Aussagegehalt und ihre ästhetische Aussageform mehr als entschädigt. Der nachfolgende Brief vermittelt inhaltlich wie stilistisch die Epoche des Sturm und Drang. Ihr zuzurechnen ist das in ihm gegenwärtige Thema der Freundschaft, der geradezu religiöse Begriff des Kunstwerks, das Bild der bewegten Natur und der Stellenwert der Geschichte, ihr zuzurechnen ist auch die Sprache des Herzens, die Inversionen, Ausklammerungen, der hymnische Rhythmus.

Das alles ist der Epoche zugehörig und ist doch zugleich ganz persönliches Dokument, ist, konkret gegenwärtig, Spiegel der Epoche im individuellen Augenblick. Umgekehrt erscheinen die großen Themen und Bilder, die Sprache der Epoche als das Medium der Selbsterfahrung dieses einen unverwechselbaren Menschen Friedrich Müller. Wo solches gelingt, da erhebt sich die Sprache des Briefes zu einem Hymnus von unerhörter Eindringlichkeit, die längst vergangene Erfahrung noch heute zum Erlebnis steigern kann:

> nun muß ich noch ein augenblick hinauf ins Schloß — ein regnigter Himel der Wind saußt — ein herrlicher augenblick die verfallne Majestät zu besuchen — dich wandlen sehn droben unter trümern deinem Nahmen zu ruffen —

*Brief Friedrich Müllers an Christoph Kaufmann vom 23. 10. 1776. Frankfurt, Freies Deutsches Hochstift — Goethe-Museum.*

# Brief von Friedrich Müller an Christoph Kaufmann

Mannheim den 23. octob 76

Nein das ärgert mich am Franciscaner - denck nur Bruder schon drey tage wart ich seiner mit verlangen, er versprach[1] vor seiner Abreise aus unserer Gegend mir noch einmal zu sizen, jezt komt er nicht — weis[2] in aller Welt nicht warum er ausbleibt hoffe doch nicht daßer gar kranck ist — will morgen mich zu Pferd sezen nacher Heidelberg reithen und zusehn wies steht —
abends
    ja lieber Bruder es ist mir offt so wenn ich an dich dencke[3] es könte nicht anders seyn wir müßten noch wohl auf Erden mit einander leben — immer bey einander leben bis ans Ende wens gott giebt ich weiß nicht du bist mir gar tieff im Herzen — es wäre mir leyd dich gekant zu haben wens nur um derweilen geweßen — schau ich hab in die Lottrie gesezt, dacht so, wer weis wies komt, kanst wohl auch was gewinnen, kauff mir dann ein Pferd und reith ein weilchen nacher *Deßau* zu meinem lieben Bruder
Eh ich schlaffen geh muß ich dir noch sagen, Barths Philantropin zu Heidesheim wird schwerlich zu Standt kommen.
Heydelberg
    da siz ich nun — eben kam ich vom Kloster — der Franziscaner ist seit drey tagen schon fort — in gottes Nahmen — es thut mir leid daß er nicht zu mir gekomen wie er versprochen mir adjeu zu sagen — hätt mirs nicht vorgestellt von ihm — will hinausgehn zu meinem Pferde sehn — — Kauffmann du komst mir so ganz in Sinn — weistus bruder wie wier hier im Schopp nebeneinander hielten, du machetest mich auf dein Schimmelchen sizen, versprachsts nie zu verkauffen so lange dir noch ein bißen über blieb und wenn du stürbest — mirs zu vermachen — hab selbig mal ein Schwur in meinem Herzen gethan und wenn ichs Heu bettlen müß stehlen müß fürs[4] treue thier ich ernehrts zu deinem Andencken — und da fiel mir wieder[5] Ulyßes Hund in der herrlichen Odyße ein daß mir die Augen übergingen — die Heldenzeit gehet mir auf in der Seele wo der herrliche fällt wo der[6] treue Freund an der grube steht mit[7] dem traurenden Pferd und Hunden und wie er nun hinunter wirfft in die Erde seines geliebten Schild sein Schwerth Panzer und trinckgeschirr zwey Steine zum andencken sezt sich hinwegwendet und weint —
ich war in der Stube wo wir geschlaffen — im Stall — nun muß ich noch ein augenblick hinauf ins Schloß — ein[8] regnigter Himel der Wind saußt — ein herrlicher augenblick die verfallne Majestät zu besuchen — dich wandlen sehn droben unter trümern deinem Nahmen zu ruffen — aufs Pferd wieder und davon —
Heidelberg adjeu hab alles gethan getreu gethan lieber Bruder — kein Mensch hat mich gesehn — soll mich jezt sehn, meine Seele ist schweer schweer sehnt sich nach Ergießung —

in meiner Stube abends

Was einem doch sein Kamerchen angenehm ist wenn mann aus der Welt zurückkomt — sey mann auch nur[9] einem Tag draußen geweßen es ist so[10] — ich hab ein gelübt gethan bruder das will ich morgen ausführen — all meine geschriebne bögen all meine Papirchen verbrennen — nichts mehr schreiben, dencken, thun bis mir gott Muth und Stärcke giebt das auszuführen worauf hauptsächlich der Stolz meines Herzens geht — gute Nacht denn.

Mittags

das war ein schöner Haufen — nun ist mirs leicht daß ich den Wust los bin — Lögel und Kloz heulten wie junge Hunde schimpfften und schalten mich — Sie grabblen[11] Stanzen und Blätter hervor — ich hab einen trefflichen Hauffen zusamengerißen es wird einem wohl wenn mann ihn ansieht —

ha fröhlichen Muts auf eine gute That folgt immer was guts muß dirs nur schreiben lieber Bruder mein Franziscaner unser Franziscaner ist da — da steht er, er hat Worth gehalten ist gekommen — er hat sich gleich nach dir erkundigt das macht mir ihn noch lieber — du großer gott was ists doch ein herrlich gottlich Ding wenn Menschen an Menschen sich intereßiren — ich will ihn gleich Mahlen — noch ein mal Zeichnen und dann Bruder Lavater schicken.

— Ich hab ihn — beßer als ich ihn je getroffen — ich sag dirs bruder das ist ein himlisch Gesicht — eine anschauliche Predigt voll Menschen Sinn und Menschen Freyheit — wohl dem dem gott solch eine Miene verliehn — was gäb ich nicht drum diß gesicht mit Haar und Barth zu sehen — will doch sehen was Hans Casper dazu sagt —

ein närrischer Streich ist mir doch mit ihm geschen — muß dirs doch erzehlen — als[12] ich mitten im Zeichnen war voll gottes Wunder — vor mir sich alle Formen verlohren ich enthüllt vor mir nichts[13] sahe als seine[14] würckende Seele — [15] gottes Athem in diesem genievollen gesicht sprang ich[16] auf — rieff — Herr Pater[17] — Sie sterben nicht im Kloster — wie so? — das seh ich aus ihrem gesicht — sie müßen hinaus in die Welt — müßen würcken Sie werden Feld Pater und dann — bey meiner Ehre — Sie machen mich fest an ihre Kunst glauben ich muß ihnen nur sagen ich habe würcklich Beruff als Feld Pater in ein regiment im Elsaß unterzukomen[18] — werden Sies annehmen? — freylich freylich ich gab mir lang Mühe drum hoff es auch mit gott freudig zu bestreiten — *etzetra*

abends.

Nun hab ich deine Reißbeschreibung — dancks Ehrmannen daß er mirs zu geschrieben aber dir nicht daß dus nicht selbst gethan — lieber Bruder wie viel ist verloren gegangen muß[19] deßwegen verlohren seyn — wie viele schöne Situationen wie überall der gang die Fährte von meines gottes Spür-Hund — du bist ein herrlicher Kerl das laß dir von mir gottes Hundsjungen gesagt seyn —

da haben wir den Hencker — mann hats zu Heidelberg erfahren daß ich da
geweßen ohn einzusprechen — ich excusire mich nicht einmal drum — denn
ich weiß warum ichs gethan

Wann ich so das gestoppel und gegrabel von manchen genies ansehe es wird
mir ganz übel — wenns nur hingeschmißen ist — ich habe da Zeichnungen gesehen von Pariser Künstlern — pah! — wenn der liebe gott so sein Vieh ge-
schaffen es könte sich nicht vom Fleck bewegen — oder den Hals zur Erde
bringen wärs auch nur um für eine Stunde Leben gras aufzuweiden — die
Stümpler, Pfuscher — ich ärgre mich wenn ich solche Kerls sehe die sich
brüsten und den Nahmen genie [20] entheiligen — Schau bruder gott ists gröste
genie — aber wie vollendet — wie ausgeführt — in und durch seine Schöpfung
vom Wurm bis zum Elefanten — da lob ich mir meinen lieben Roos das war
noch ein Mann — ich will aber auch in Heidelbergs grösten Fels seinen Nahmen hauen laßen —

liebe mich immer und Herzlich, brüderlich — küße mir Ehrmannen von
Herzen — sag ihm — nein ich wills Ihm nächstens selbst sagen und ihm
dancken daß er dich so aus grund der Seele liebt.

*Müller*

*Nach dem Original (Freies Deutsches Hochstift, Nr. 2365, 2 Bll., 4 S.).
Erstdruck: Karl von Holtei (Hrsg.), Dreihundert Briefe aus zwei Jahrhunderten. Bd. I/1. Hannover 1872. S. 186-189. (Mit zahlreichen Lesefehlern).*

*1 versprach*] versprach ⟨mir⟩. 2 weis] ⟨mehrere unleserliche Worte⟩ weis. 3
dencke] dencke ⟨ich⟩. 4 fürs] fürs *alR* [treue thier]. 5 wieder] wieder ⟨Hun⟩. 6
der] der ⟨th⟩. 7 mit] mit ⟨se⟩. 8 ein] ⟨es ist⟩ *üdz* [ein]. 9 nur] nur ⟨auf⟩. 10 es ist
so] *üdZ* [es ist so]. 11 grabblen] ⟨gralb⟩ grabblen. 12 als] ⟨aber⟩ als. 13 nichts]
*üdZ* [nichts]. 14 seine] ⟨die⟩ *üdz* [seine]. 15 Seele —] Seele ⟨in diesem Kopff⟩
— ⟨sprang ich⟩. 16 ich] ich ⟨z⟩. 17 Pater] ⟨Patter⟩ Pater. 18 unterzukomen] ⟨zu
komen⟩ unterzukomen. 19 muß] muß *alR* [deßwegen]. 20 Genie] Genie
⟨prostitu⟩.

Zeichen und Hervorhebungen

*Kursivschrift* im Druck: Im Original unterstrichen.

] Lemmazeichen (Stichwort aus dem Text, Ort von Varianten).

[ ]In der eckigen Klammer stehen Ergänzungen des Autors.

*(üdz* über der Zeile; *alR* am linken Rand).

⟨ ⟩In der spitzen Klammer stehen Streichungen des Autors.

*Franciscaner* Nicht zu identifizieren. *Bruder* Christoph Kaufmann (1753—1795). Er machte im Frühherbst 1776 von Karlsruhe kommend in Mannheim Müllers Bekanntschaft, reiste dann weiter nach Dessau. *Barths Philantropin* Carl Friedrich Bahrdt (1741 — 1792) war 1776 gräflich-leiningenscher Generalsuperintendent in Dürkheim a. d. Haardt und gründete von hier aus ein Philanthropin in Heidesheim, das jedoch bald geschlossen wurde. *Kloster* Das Franziskanerkloster in Heidelberg stand auf dem heutigen Karlsplatz; es wurde 1804 abgebrochen. *Schopp* Süddeutsch für ,,Schuppen''. *Ulyßes Hund* Vgl. Odyssee XVII, 291 ff. *Heldenzeit* Der folgende Abschnitt bezieht sich auf die Schilderung von Patroklos' Tod und seine Bestattung durch Achilleus in der Ilias. Vgl. XXIII, 165 ff. *Lögel* richtig Legel. Maler, Lebensdaten noch nicht ermittelt. *Kloz* Matthias Klotz (1747-1821), Hofmaler des Kurfürsten Carl Theodor in Mannheim. *Hans Casper* Johann Casper Lavater (1741—1801), Theologe. Zu dieser Zeit mit der Herausgabe der ,,Physiognomischen Fragmente'' beschäftigt. *Ehrmanen* Johann Christian Ehrmann d. J. (1749 — 1827), Arzt aus Straßburger Medizinerfamilie. Bekanntschaft mit Goethe in Straßburg, seit 1775 in Frankfurt. *gottes Spür-Hund* Von Müller geprägte Bezeichnung für Kaufmann. *Roos* Johann Heinrich Roos (1631 — 1685), pfälzischer Tiermaler.

# Maler Müller
## „Hab wahrer Künstler Eigensinn ..."

Gedichte über Freunde und über sich selbst

Die frühen anakreontischen Gedichte Müllers quellen über von Natur- und Liebeserlebnissen, dürfen aber nur sehr vorsichtig auf biographische Tatsachen zurückgeführt werden. Es sieht zum Beispiel ganz so aus, als sei kein einziges Liebesgedicht wirklich auf Charlotte Kärner, Müllers Zweibrücker Freundin zu beziehen.

Auch in Gedichten über die eigene Person, über die Beziehungen zu Freunden wird man mit vielen Stilisierungen rechnen müssen. Dennoch sprechen gerade diese Gedichte in großen Teilen auch heute noch an.

Nach Hahns Abschied.

Ach sie singet, die brünstige Finke,
Breitet den zarten Flügel übers vollendete Nestchen,
Zwitschert, und schlummert zum erstenmal wonniglich ein.

Und du, mein Freund, ferne! ferne!
Schüttle den Thau, wehender Nachthauch! ich schaure!
Schüttl', ach schüttl' ihn mir,
Daß ich senke diese reifende
Dem Herzen entquellende Zähre
Auf der Viole ... Hat ers gehört?
O des Zärtlichen! er hats gehört!
Murmelt und schuttelt — — Meine Thräne
Gleitet sachte die Wang' herab!

Ach kein Mädchen! kein Freund!
Kein Zärtliches, Zärtlicher ach!
Der ich sie breche,
Dem ich sie gebe,
Diese dir thränenbethaute Viole!

Und so muß sie einsam welken,
So geschmückt mir meiner Wehmut
Sterben, unbetrauret, ungeliebet, ach!

Mag sie doch — sinken, liegen, im Winde verstieben!
Meine Wehmut mit ihr!
Bist du doch glücklich, Geliebter!
Geliebt am Herzen derer, die meine Seele liebt!

  Ha! dieß wilde, pochende,
Dieß unaufhaltsamfliegende,
Dieß ängstlichtragende, mitfühlende Herz!
Das, unglückselig ewig,
Barbarisch immer aufnimmt und trägt!
Wie's drängt! wie's tobt! dir vorwärts nacheilt,
Und mich peinigt und quält,
Und meine Sinnen zerrüttet,
Und mir die Nerven zerreißt!

  Wachst zu Einem Freund', ihr Freunde!
Ach Seligkeit des Himmels
Träufelt nieder dem,
Der des Geliebten Busen umschlingt!
O ich weine, da du, Trunkner,
Da du, Seliger,
An Leopold Stolbergs Busen dich knüpfst!

  Genieße! und gedenke meiner!
Ha! gedenke meiner, wenn du thränenschauernd
Unter der Liebe Fülle versinkst,
Und du am Herzen liegest dem —
O wie soll ich ihn nennen!
Vater! Freund! Vater!
Klopstock! Klopstock! Ihm!

  Wenn du an ihm hängst,
Und herzerdrückend und malmend
Ueber dir die Wonne liegt,
O dann reisse dich auf, athm' und schaure,
Und gedenke deines Einsamen hier;
Und, indem du noch einmal
Die geliebte Stirne drückst,
Gedenke deines Einsamen hier,
Und wehmüthig und leise so:

  Der, der jetzt noch um mich klaget,
Schmachtend den Frühling verseufzt,
O des einsamen Jünglings!
Er liebt dich ewig, wie ich!

Einem reisenden Mahler ins Stammbuch geschrieben.

Gehst hin in eine andre Welt —
Von Herzen Glück, wie's dir gefällt!
Verleih dir Gott ein fröhlich Blut,
Zur Arbeit immer frischen Muth,
Wär ich zur Stund ein reicher Mann,
Ich böth dir was geringes an;
(Obs gleich nur Quark) in dieser Welt
Im Glauben manchen noch erhält.
Da ich nichts bessers geben kann,
Nimm dreierlei zum frommen an:
Hab wahrer Künstler Eigensinn,
Zu mahlen nur nach deinem Sinn;
Wie Gott dir Aug und Herz gestellt,
Darnach betrachte deine Welt —
Nimm Rath und gute Meinung an;
Doch schau wer Rath dir geben kann.
Ein mancher meints von Herzen recht
Giebts drum nicht minder dumm und schlecht —
Vor allem traue der Natur;
Bist Künstler nur auf ihrer Spur:
Denn ohne sie was ist die Kunst?
Ein Kinderspiel — nur Müh und Dunst.

\* \* \*

an meinen lieben Claudius in Wandsbeck

Ey schönen tag Freund Asmus
Wie gehts in Wandsbeck, immer
fein aufgeräumt und fröhlich
Mit lieben Weib und Kindern
he? möcht' doch gerne vernehmen
Hab offt drum nachgefraget
allein im grosen Roma
Erfährt man nichts von Wandsbeck.

Werds doch im Leben, warlich
vergeßen nie
als ich zum erstenmale
In Darmstadt euch besuchet
Wißts noch mit Rothnaß Kauffmann
des lieben Herrgotts Spürhund
den leitet ich nach Franckfurth
dort hielt er Dosen Salbung.

Es war doch würcklich schnackisch
da wir uns erst beschnüffelt;
Ihr schient mir doch so gleich ein
besonders spaßcher Vogel
der recht nach eigner Weiß hin
wie ihm der grose Orgler
den Schnabel angepichet
Vom Herz sein Stückchen trillert.

und traun mir wards so wohlich
So traulich und geheimlich
An eurem ganzen Weßen
that alles so recht klappen
Von hinten und von Vorne
Wart immer so der selbe
ich sagt in meinem Herzen
Grüß Gott dich bruder Amsel.
[...]

\* \* \*

Auf Lessings Tod.

Klagt ihr Musen, Klaget! schmucklos walle
Aufgelöst das Haar am Busen schwer;
Dämpft die Leyer, daß sie traurig schalle,
Lessing, ach der Edle! ist nicht mehr.
[...]

In die Tiber rinnen meine Zähren,
Hier am Ufer sitz' ich fremd, allein;
Nacht umhüllt mich; meinen Harm zu nähren
Röthet Luna ihren Silberschein.

Hofft' ich das, als du noch stark und munter,
Mich in deine Arme schlossest, frey
Angelobt mit mir zu leben unter
Welchem Stern und Himmel es einst sey.

O ihr grünen Neckar-Thäler! Sitze
Meiner Fürsten; mosger Mauernring,
Wolfsbrun, und du Jettas Felsenspitze,
Sahts! wie ich an seinem Halse hing,

Wie er mich, ich ihn zum Freund erkohren,
Daß ichs nicht vergessen soll, noch kann!
Ach er war so ganz für mich geboren,
War so ganz, so ganz! ein Mann, ein Mann.
[...]

# Gerhard Sauder, Wolfgang Schlegel, Rolf Paulus
# Über viele unsichtbare Vorarbeiten und einen großen Schritt vorwärts

Bericht über die Vorbereitungen für die Maler-Müller-Ausgabe.

Das Projekt Maler-Müller-Ausgabe hat seit dem letzten Bericht im Almanach 1983 gute Fortschritte gemacht. Durch die Verbindung mit Prof. G. Sauder und weiteren Angehörigen der Universität Saarbrücken ist eine breitere wissenschaftliche Basis gewonnen, nur so wurde auch eine Förderung durch die Deutsche Forschungsgemeinschaft möglich.

Dem bisherigen Geldgeber, dem Bezirksverband Pfalz, ist sehr herzlich zu danken für die Großzügigkeit und Zuverlässigkeit, mit der die übernommene Verpflichtung, die Vorarbeiten für eine Maler-Müller-Ausgabe zu fördern, eingehalten wurde. Damit dieses Ziel weitgehend erreicht wird, steht für 1986 nochmals ein kleinerer Betrag für die Abwicklung bestimmter Arbeiten zur Verfügung. Die vorliegenden Materialien und Vorbereitungen zur Maler-Müller-Ausgabe sind das wertvolle Fundament, auf dem jederzeit weiter aufgebaut werden kann.

Wir danken allen, die sich trotz mancher Schwierigkeiten für uns und Maler Müller eingesetzt haben. Besonders natürlich den Mitgliedern des Bezirkstags, seinem Vorsitzenden, Herrn Dr. Werner Ludwig sowie dem Vorsitzenden des Kulturausschusses, Herrn Direktor Gerhard Bach. Von Seiten der Pfälzischen Gesellschaft zur Förderung der Wissenschaften hat Dr. Otto Roller für uns ,,gekämpft'', auch die Präsidenten Friedrich Ludwig Wagner und Dr. Willi Alter haben sich für uns eingesetzt. Herr Karl Scherer ermöglichte es, daß die Arbeitsstelle Maler-Müller-Ausgabe weiter in der Heimatstelle Pfalz bleiben kann.

Allen herzlichen Dank!

Organisation und Finanzierung

Nun zu den wichtigsten Neuigkeiten, zunächst zur Organisation und Finanzierung. Seit Ende 1983 besteht der Kontakt zu Prof. Sauder, der jetzt mit Prof. Schlegel und Dr. Paulus Herausgeber ist und speziell die Projektleitung gegenüber der Deutschen Forschungsgemeinschaft übernommen hat. Im Mai 1984 und im Mai 1985 trug er, von Dr. Paulus begleitet, einer DFG-Kommission die Maler-Müller-Pläne vor. Bei den Besprechungen zeigte sich, daß die DFG eine Zerlegung in Teilprojekte anstrebte, und hier erschien aus verschiedenen Gründen die Briefausgabe als erster Schritt wünschenswert. Die Entscheidung darüber wurde im Juni 1986 mitgeteilt. Vor diesem Hintergrund wird es jetzt sicher auch möglich, für weitere Teilprojekte Mäzene zu finden, man denke an Müllers späten Faust, an die Lyrik oder auch an die unveröffentlichten römischen Dramen.

Im Januar 1985 wurde umfangreiches Material aus der Arbeitsstelle an Saarbrücken zur Benutzung übergeben. Im September 1985 klärte eine große Mitarbeiterkonferenz aktuelle Fragen. Sie fand einen Tag in Kaiserslautern, und einen Tag in Saarbrücken statt.

Da leider nicht immer alles nach Plan geht, setzte die Förderung durch die DFG nicht im Anschluß an die Finanzierung durch den Bezirksverband ein, so daß Geld für intensive Editionsarbeit fehlte. Eine schöne und sinnvolle Unterstützung waren da die DM 5.000,— von der Universität Saarbrücken, welche zur Erstellung einer Spezialkartei zu den Briefen verwendet wurden. Doppelt dankbar ist man in solchen Zeiten auch für kleinere Beiträge, z. B. den Zuschuß des Landkreises Bad Kreuznach, der für die Transkription von Briefen Müllers eingesetzt wird.

Die ideelle Unterstützung der Stadt Bad Kreuznach verbindet sich mit den Initiativen des ,,Bad Kreuznacher Freundeskreises Maler Müller e. V.'', der sich beispielsweise sehr für diesen Almanach engagiert hat.

Die praktische Arbeit

Für die praktische Arbeit ist es ein großer Fortschritt, daß die Kartei der Literatur von und über Friedrich Müller jetzt maschinenschriftlich zur Verfügung steht. Darüber hinaus wurde eine beunruhigende Lücke in der Dokumentation zu Maler Müller geschlossen: von dem kleinen, aber sehr wichtigen Handschriftenkonvolut der Krakauer Universitätsbibliothek wurde uns dankenswerterweise ein Mikrofilm überlassen. Großes Gewicht liegt nach wie vor auch auf dem Faust-Komplex. Der 7. und besonders der 8. Akt stellen große Probleme, aber mit einem Abschluß der Transkription ist 1986 zu rechnen.

Zu Müllers Drama ,,Golo und Genovefa'' konnten einige kleinere Vorarbeiten abgeschlossen werden. — Die Lyrik ist jetzt weitgehend durchgearbeitet, von besonders schwierigen Handschriften einmal abgesehen, liegen die Texte im Typoskript vor. — Handschriftliche Transkriptionen gibt es jetzt zu den satirischen römischen Dramen ,,Die Winde'' und ,,Das römische Kunstantiquariat''; erstmals können auf dieser Basis genauere Angaben über Inhalt und Stil gemacht werden.

Eindeutiger Schwerpunkt war in den letzten Jahren die Bearbeitung des Briefwechsels. Sie wurde von Prof. Schlegel samt erster Transkription und Arbeitskarteien abgeschlossen. Der Briefwechsel wird jetzt speziell unter dem Gesichtspunkt der neuen Editionsrichtlinien überprüft. Dieser Briefwechsel Müllers ist in geradezu aufregender Weise ergiebig für die Biographie, die Werkgeschichte und allgemein für die Kulturgeschichte dieser Zeit.

Die Förderung durch die Deutsche Forschungsgemeinschaft seit Juli 1986 macht es möglich, kontinuierlich und zielorientiert zu arbeiten. Eine Redaktionsstelle kann mit Dr. R. Paulus und mit Chr. Weiß besetzt werden, die Leitung der Briefausgabe liegt bei Dr. Stahl als Bearbeiter, Prof. Sauder und Prof. Schlegel als Herausgeber.

Auf der soliden Basis der Vorarbeiten werden jetzt die Endtranskriptionen und die Druckfassungen erarbeitet; dafür wird ein Textcomputer benutzt. Dem wissenschaftlichen Spürsinn der Mitarbeiter bleibt aber nach wie vor das Recherchieren und Kommentieren der Sachverhalte und der Personen, die Darstellung der Textvarianten, die Datierung der Briefe und vieles andere überlassen. Die erste Phase der Förderung umfaßt zwei Jahre; bis dahin könnte man, optimistisch gesehen, etwa die Hälfte der Arbeit bewältigen.

Veröffentlichungen zu Biographie und Bildender Kunst

Da aus Geldmangel nicht kontinuierlich gearbeitet werden konnte, gab es die sichtbaren Ergebnisse zunächst einmal in den ,,Randbereichen'', die von Prof. Schlegel mit großer Energie erforscht wurden, in der Biographie Müllers und in der Dokumentation seines Beitrags zur Bildenden Kunst.

Der Oeuvrekatalog aller Werke des Malers Müller liegt vor: Ingrid Sattel Bernardini/Wolfgang Schlegel, Friedrich Müller. Der Maler. Landau 1986. Auf der Basis der Vorarbeiten von Prof. Schlegel wurde, nach zeitweiliger Mitarbeit von Frau. Dr. Inga Gesche (Reiss-Museum Mannheim), dieses Verzeichnis mit Abbildungen aller Werke von der römischen Kunsthistorikerin Ingrid Sattel Bernardini abgeschlossen.

Durch Auswertung der erreichbaren biographischen Materialien — Dokumente, Briefe, Literatur, Hintergründe — konnte Prof. Schlegel eine Datei zur Biographie anlegen. Sie wurde zur Grundlage seiner zusammenfassenden biographischen Darstellungen (im Werkverzeichnis, in einem Beitrag für die ,,Pfälzer Lebensbilder'' (in Vorb.), in der Chronik (Manuskript) — und seiner Aufsätze zu Einzelaspekten, nämlich zur Frage nach der Pension, zur Knorring-Tieck-Affäre und zur Tätigkeit als Kunstagent.

Der Pfälzischen Gesellschaft zur Förderung der Wissenschaften gegenüber gab Dr. R. Paulus Rechenschaft über die Bedeutung des Maler-Müller-Projekts in einem Aufsatz für die ,,Pfälzer Heimat'': Bacchus, Faust und Harmonia in unveröffentlichten Werken Maler Müllers (34/1983, H. 1).

Die Resonanz in der Öffentlichkeit ist den Umständen entsprechend gut. Seit 1983 gab es vier wichtige Veranstaltungen, zwei Rundfunksendungen (SWF und SDR) und zwei Vorträge zum Thema Maler Müller (Mannheim/Landau/Kaiserslautern. — Neustadt/W.), dazu kommen noch einige Presseberichte.

Die Arbeiten an den Fundamenten der Maler-Müller-Ausgabe sind weiterhin langwierig und schwierig. Bevor endlich Bände vorgelegt werden können, diene der Almanach einmal mehr als Trost und Visitenkarte.

*Rastende Briganten. Nach 1775. Ölbild. Speyer, Historisches Museum der Pfalz.*

# Richard Walter
# Der ,,Bad Kreuznacher Freundeskreis Maler Müller"

Gründung — Ziele — Aktivitäten — Resonanz

In Bad Kreuznach, der Geburtsstadt von Friedrich Müller, hat sich auf Initiative von Willi Krämer ein ,,Bad Kreuznacher Freundeskreis Maler Müller" gebildet und sich in das Vereinsregister eintragen lassen. Zweck des Vereins ist die Pflege kultureller Werte des Maler-Dichters Friedrich Müller, genannt Maler Müller, und die Förderung der wissenschaftlichen Forschungsarbeit über Leben und Werk Maler Müllers im Rahmen der finanziellen Möglichkeiten des Vereins. Ferner sollen historische und künstlerische Dokumente Maler Müllers für die Nachwelt, insbesondere für die Jugend, archiviert und kulturhistorische Dokumentationen herausgegeben werden. Schließlich will der Freundeskreis Ausstellungen der Werke Maler Müllers bei besonderen Anlässen im Rahmen seiner Öffentlichkeitsarbeit fördern bzw. durchführen.

Immer wieder gab es in der Vergangenheit Bemühungen, die Erinnerung an den großen Sohn der Stadt wachzuhalten und die Kenntnis von Leben und Werk Maler Müllers zu mehren. Wenige Wochen vor dem Beginn des Zweiten Weltkriegs wurde im Großen Kursaal ein Maler-Müller-Abend veranstaltet, in dessen Verlauf Gedichte Friedrich Müllers in der Vertonung von Rudolf Desch vorgetragen wurden. In den Bad Kreuznacher Tageszeitungen, vor allem in den Heimatblättern des Oeffentlichen Anzeigers, erschienen immer wieder Beiträge zum Thema Maler Müller.

Im Maler-Müller-Gedenkjahr 1975 veranstaltete die Sparkasse Bad Kreuznach die bisher größte Ausstellung von Werken Müllers in seiner Vaterstadt. Vorträge, u.a. von Christa von Helmholt über Werk und Leben Maler Müllers, Rezitationen, Aufführungen und Veröffentlichungen sorgten dafür, daß Maler-Dichter Müller in Bad Kreuznach in fast aller Munde war.

In den folgenden zehn Jahren jedoch ging das allgemeine Interesse an dem größten Sohn der Stadt wieder zurück. Lediglich die Veröffentlichungen in der Tagespresse über die Tätigkeit der ,,Arbeitsstelle" in Kaiserslautern, initiiert durch Prof. Dr. Schlegel und Dr. Paulus, hielten die Erinnerung an Friedrich Müller wach. Das Erscheinen des ,,Almanach" gab jeweils Gelegenheit zu Buchbesprechungen. Auch die Aufzeichnung eines Maler-Müller-Nachmittags durch den Südwestfunk-Redakteur Dr. Pelgen lenkte im Januar 1984 die Aufmerksamkeit auf Maler Müller. Als Willy Mathern zwei Tage nach seinem 82. Geburtstag starb, schien es, als sei mit dem Senior der Heimatforscher, der 1938 eine umfangreiche Maler-Müller-Schau und eine Maler-Müller-Stube in der damaligen Stadtbücherei eingerichtet hatte, der letzte Förderer der Maler-Müller-Forschung in Bad Kreuznach heimgegangen.

Doch 1985 entstand in dem Hotel-Restaurant ,,Mannheimer Tor"eine neue ,,Maler-Müller-Stube" mit Bildern Friedrich Müllers, die Willi Krämer hatte reproduzieren lassen und zur Verfügung stellte. Auf seine Initiative wurde ein Maler-Müller-Freundeskreis ins Leben gerufen und zu einer ersten öffentlichen Veranstaltung in die Maler-Müller-Stube eingeladen. Damit war zu dem in Bad Kreuznach seit über 80 Jahren stehenden Maler-Müller-Denkmal, zu der Maler-Müller-Straße und zu dem 1974 erschienenen Bildband von Willy Mathern über Maler Müllers Leben und Werk endlich auch eine Vereinigung getreten, die auf breiter Ebene Maler Müller den Menschen seiner Heimat wieder näher bringt.

Am Freitag, 29. März 1985, beglückwünschte der Kulturdezernent der Stadt Bad Kreuznach, Beigeordneter Karl-Georg Schindowski, in der gut besetzten ,,Maler-Müller-Stube'' die Initiatoren des Freundeskreises zu dem ersten Schritt in die Öffentlichkeit. In seiner Einführung in die künftige Arbeit des Freundeskreises interpretierte Kulturdezernent Schindowski die Gestalt des Maler-Dichters anhand einer Selbsteinschätzung Müllers in der Formulierung seiner Grabschrift: ,,Wenig gekannt und noch weniger geschätzt ...'' Richard Walter rezitierte dann aus dem dichterischen Schaffen Friedrich Müllers. Die ausgewählten Kostproben machten neugierig auf weitere Lesungen.

*Rezitationsabend des ,,Bad Kreuznacher Freundeskreises Maler Müller e. V.'' am 29. 3. 1985 in der ,,Maler-Müller-Stube'' des Hotels ,,Mannheimer Tor''. Von links nach rechts: E.-W. Rabold, Prof. Dr. W. Schlegel, Dr. R. Paulus, J. Nies, W. Krämer, R. Walter, Th. Bundschuh, K.-G. Schindowski.*

Für die anwesenden Repräsentanten der Maler-Müller-Forschung — Prof. Dr. Schlegel, Dr. Paulus und Studiendirektor Rabold — war es besonders erfreulich zu sehen, daß die Resonanz beachtlich war und zu dem Zuhörerkreis herausragende Persönlichkeiten aus dem Bad Kreuznacher kulturellen Leben zählten.

Dies war auch beim zweiten Rezitationsabend am 7. Juni 1985 der Fall. Außer Bürgermeister Ebbeke und Beigeordnetem Schindowski waren u. a. der designierte Oberbürgermeister Schwindt, Prof. Desch und Dr. Vogt (1. Vorsitzender des Vereins für Heimatkunde) der Einladung gefolgt. In der einleitenden Mitgliederversammlung mit Vereinsgründung und Vorstandswahl wurden ohne Gegenstimmen Eduard Gampper zum 1. Vorsitzenden, Josef Nies zum 2. Vorsitzenden, Willi Krämer zum Schatzmeister sowie Franz Eichenauer und Richard Walter zu Beisitzern gewählt.

Als Repräsentant der ,,Arbeitsstelle Maler-Müller-Ausgabe'' begrüßte Dr. Rolf Paulus die Vereinsgründung und die Ziele des Freundeskreises, vornehmlich Maler Müller in seiner Vaterstadt und in seiner weiteren Heimat bekannter zu machen.

Der neugewählte Vorsitzende Gampper sagte, das Bewußtsein und das Andenken an Maler Müller, der doch weithin Geltung erlangt habe, müßten gerade in seiner Geburtsstadt mehr als bisher vertieft werden.

Auch an diesem Rezitationsabend gefielen die von Richard Walter vorgetragenen Ausschnitte aus Maler Müllers Werken. War beim 1. Abend der ,,Satyr Mopsus'' eindrucksvoller Höhepunkt gewesen, so standen diesmal der ,,Faun Molon'' sowie ,,Das Nußkernen'' und ,,Die Schafschur'' im Mittelpunkt.

In der ersten Vorstandssitzung am 5. Juli 1985 wurden die Vereinsaktivitäten für die kommenden Jahre festgelegt. So standen die Themen Mitgliederwerbung, Maler-Müller-Ausstellungen, Aufführungen, Vortragsabende und Diavorführungen im Vordergrund.

Daß die Vorstandsmitglieder auch außerhalb des Freundeskreises für die Verbreitung des Maler-Müller-Gutes sorgen, zeigte sich bei der Eröffnung einer Ausstellung der Künstlergruppe Nahe: der Eröffnungsrede ließ der Vorsitzende der Künstlergruppe, Franz Eichenauer, das ,,Freudenlied'' von Maler Müller in der Rezitation von Richard Walter folgen — ,,damit die Besucher von einem Maler-Kollegen dichterisch eingestimmt würden''.

Der Landrat des Kreises Bad Kreuznach, Hans Schumm, hielt in einem Schreiben an den Vorstand des Freundeskreises ,,die Förderung der Herausgabe einer Publikation, wie beispielsweise die wissenschaftliche Erarbeitung der Briefausgabe von Maler Müller zu gegebener Zeit für denkbar''. Der Landrat teilte ferner mit, Herrn Professor Dr. Schlegel sei ein weiterer Kreiszuschuß bewilligt worden. Der Zuschuß ist für Forschungsarbeiten an der Briefausgabe vorgesehen, die Teil der Gesamtausgabe ist, wurde ergänzend vermerkt.

In der zweiten Vorstandssitzung am 23. September 1985 wurden die Dias gesichtet, die 1975 in einem Jubiläumsvortrag vorgeführt und nunmehr vom Freundeskreis angekauft worden waren. Sie sollen für Ausstellungen reproduziert werden. Der Freundeskreis hat, so wurde mitgeteilt, beim Finanzamt Bad Kreuznach die Gemeinnützigkeit erlangt.

Auch der dritte Maler-Müller-Abend — am 29. November 1985 — brachte eine Steigerung der Besucherzahl. Vollbesetzt war die ,,Maler-Müller-Stube'', als Vorsitzender Eduard Gampper den Abend eröffnete. Prof. Rudolf Desch führte in die Darbietung der von ihm vertonten und 1939 erstmals aufgeführten Maler-Müller-Texte ein: Wiegenlied, Friedensspruch, Jägers Abschied, An den Frühling, Gebet, Stille dich an sanften Klagen, Frischen Saft der Reben sowie Heute scheid ich (Komposition von F. Fesca). Philipp Gander (Tenor) und Gerhard Wöllstein (Klavierbegleitung) waren die Ausführenden.

Die Wiederaufführung der Kunstlieder wurde begeistert aufgenommen. Professor Deschs Erläuterungen erleichterten das Verständnis für die Harmonie zwischen Text und Melodie. Souverän meisterte der Tenor auch schwierige Klippen der Vertonungen.

Die Rezitationen — Kreuznach-Hymne, Auszüge aus ,,Nußkernen'' und ,,Schafschur'' — machten deutlich, daß Maler Müllers Werke auch heute noch Bestand haben.

Im Urteil der Besucher, darunter Altbürgermeister Karl Kuhn, war dieser Abend so wohlgelungen, daß er als Beispiel für die Bewahrung des Erbes von Friedrich Müller angesehen werden kann.

Im neuen Jahr bemühte sich der Vorstand des Freundeskreises verstärkt um die Werbung von Mitgliedern und um die Auswertung der über hundert Dias von Maler-Müller-Bildern, die von Frl. Ellen Kraski (Hamburg) aus dem Nachlaß ihres Vaters zur Verfügung gestellt worden sind. Ein Dia-Abend und ein Vortragsabend mit Prof. Dr. Schlegel stehen auf dem Programm der nächsten Maler-Müller-Abende, bei denen auch die Rezitation — gedacht ist an die vollständige Aufführung des ,,Satyr Mopsus'' — nicht zu kurz kommen soll.

# Die Autoren der Beiträge

Rolf Paulus (*1942) St. Germanshof (Kreis Bergzabern). Dr. phil. Redakteur der Briefausgabe Maler Müller in Saarbrücken. Studium Germanistik und Kunstgeschichte in Heidelberg, Berlin und Mannheim. Promotion. Lehrauftrag Universität Mannheim seit 1974. Veröffentlichungen: Karl-Krolow-Bibliographie (1972); Bibliographie zur deutschen Lyrik nach 1945 (1974 und 1977). Zusammen mit U. Steuler; Praxis der Informationsermittlung: ,,Deutsche Literatur" (1978). Zusammen mit J. Landwehr und M. Mitzschke; Lyrik und Poetik Karl Krolows (1980); Der Lyriker Karl Krolow (1983). Zusammen mit Gerd Kolter. Mitherausgeber der ,,Pfalzbibliothek", Bearbeitung der Bände über Hermann Sinsheimer (zusammen mit G. Weber) und August Becker. Aufsätze und Rezensionen zur deutschen Literatur.
Redaktion des Maler-Müller-Almanachs. Redaktion der Maler-Müller-Briefausgabe (zusammen mit Ch. Weiß). Neben Prof. Dr. G. Sauder und Prof. Dr. W. Schlegel Herausgeber der Maler-Müller-Ausgabe.
6730 Neustadt/Weinstr. Karolinenstr. 97.

Gerhard Sauder (*1938) Karlsruhe. Dr. phil. Ordentlicher Professor an der Universität des Saarlandes. Studium der deutschen und französischen Philologie, Kunstgeschichte, Philosophie, in Heidelberg und Paris. Studienrat. Habilitation 1973. Seit 1976 Professor in Saarbrücken. Veröffentlichungen u. a.: Der reisende Epikureer. Studien zu Moritz August von Thümmels Roman ,,Reise in die mittäglichen Provinzen von Frankreich" (1968); Empfindsamkeit. Band I (1974), Band III (1980); Mitherausgeber der Saarbrücker Beiträge zur Literaturwissenschaft (Seit 1980); Die Bücherverbrennung. Mehrere Auflagen und Ausgaben 1983 ff.; Mitherausgeber der Münchener Goetheausgabe und Bearbeiter von Band 1, 1: Der junge Goethe 1757 — 1775. (1985); Johann Gottfried Herder (1744 — 1803). (Hg.). (1986/87); Aufklärungen. Frankreich und Deutschland im 18. Jahrhundert. Band 1. (1986). — Zahlreiche Aufsätze, Handbuchartikel und Rezensionen zur Literatur des 18. und 20. Jahrhunderts sowie zur Fachgeschichte der Germanistik.
Mitherausgeber der Maler-Müller-Ausgabe und gegenüber der Deutschen Forschungsgemeinschaft Projektleiter der Briefausgabe Maler Müller.
6670 St. Ingbert, Albert-Weisgerber-Allee 148.

Wolfgang Schlegel (*1912) Braunschweig. Dr. rer. cult., emeritierter ordentlicher Professor der Erziehungswissenschaftlichen Hochschule Rheinland-Pfalz, Landau. Studium Erziehungswissenschaft, Deutsch, Geschichte, Philosophie. Promotion über Nietzsche. Volks- und Realschullehrer, Studienrat, Hochschullehrer seit 1958. 1965 — 1969 Rektor und Prorektor der PH Kaiserslautern. 1964 — 1970 Mitglied des Bezirkstags der Pfalz (Vorsitzender des Kulturausschusses). Mitglied der Wissenschaftlichen Kommission des Historischen Vereins der Pfalz bis 1982 und des Vereins für Pfälzische Kirchengeschichte. Mitglied der Pfälzischen Gesellschaft zur Förderung der Wissenschaften und des Freien Deutschen Hochstifts Frankfurt.
Veröffentlichungen u. a.: Geschichtsbild und geschichtliche Bildung als volkspädagogische Aufgabe (1961); Geschichtliche Bildung als Menschenbildung (1962); Herausgeber: Handbuch für Geschichtsunterricht in der Mittelstufe (1961 ff.). Friedrich Müller, der Maler (im Druck), Zusammen mit I. Sattel Bernardini. — Zahlreiche Aufsätze über Maler Müller, besonders zur Biographie.
Initiator der Maler-Müller-Ausgabe, die er zusammen mit Prof. Dr. G. Sauder und Dr. R. Paulus herausgibt.
6750 Kaiserslautern Pfaffenbergstr. 85.

August Stahl (*1934) Mettlach/Saar. Dr. phil., Privatdozent an der Universität des Saarlandes. Studium der Rechte, Germanistik und Romanistik in Heidelberg, Paris und Saarbrücken. Veröffentlichungen: Vor allem über Rilke und zur neueren deutschen Literatur. Herausgeber des Briefwechsels Theodor Storms mit seinem Freunde Brinkmann (Berlin 1986). Mitarbeiter an der Maler-Müller-Ausgabe (Briefe).
6640 Merzig 9 Kastanienweg 4.

Richard Walter (*1921) Reinheim/Odenwald. Journalist seit dem Abitur 1938. Koblenzer Generalanzeiger, Mittelrhein-Kurier, Radio Koblenz/Südwestfunk-Landesstudio Koblenz, Rhein.-Pfälzische Rundschau, Oeffentlicher Anzeiger, beide Bad Kreuznach; 1973 — 1986 Bereichsredakteur Süd (Naheraum) der Rhein-Zeitung, Koblenz. Leiter der Mundartwettbewerbe des Oeffentlichen Anzeigers. Vorstandsmitglied des ,,Bad Kreuznacher Freundeskreises Maler Müller e.V.''.
Veröffentlichungen: ,,Schambes Klappergässers Himmel- und Höllenfahrt (Bearbeitung von Carl Eug. Schmidt, 1979); ,,Wie uns de Schnawwel is gewachs'' (1982); ,,Es Beschde vum Beschde'' (1983) und ,,Unser scheenschde Feschtlichkeit'' (1984). Neue Bücher mit Mundart der Gegenwart sind in Vorbereitung.
6550 Bad Kreuznach Wielandstr. 8.

# Kleine Anthologie aus Maler Müllers Lyrik

Verzeichnis der Gedichte in diesem Almanach (mit Nachweisen)

Sturm und Drang (S. 11)
Lied eines bluttrunknen Wodanadlers (Göttinger Musenalmanach 1774, S. 213).
Schackespear. Ode (Seuffert, S. 327. — Hier nach Hs in SPK).
Ode an ein Gebürg (Seuffert, S. 370).
Dithyrambe (Göttinger Musenalmanach 1775, S. 223-225).
der knabe (Seuffert, S. 457 — Hier nach Hs in SPK).
Soldaten Abschied (Balladen 1776, S. 52-53).

Lehrgedichte und Fabeln (S. 53)

Der Käfer und der Schmetterling (Heidelberger Taschenbuch auf das Jahr 1812. Tübingen, S.70).
Der Jüngling und der Waffenhändler (Frankfurter Konversationsblatt, 12. 7. 1849).
Die Gänse und der Adler (FDH 9175).
Die Königswahl (Cornelia. Taschenbuch für Deutsche Frauen auf das Jahr 1816. Heidelberg, S. 37).
Der Wolff und der Fuchs (FDH 9277).
Der Wolff und der Hund (FDH 9217).
Das Schwein und das Lamm (FDH 12 733).

Gedichte zur Kunst (S. 73)
die Schwestern (FDH 12 733).
Der Mahler (Göttinger Musenalmanach 1796, S. 80).
Der seraphische Dichter (Frankfurter Konversationsblatt, 29. 1. 1849)
Orpheus-Klopstock (Werke 1811, Band II, S. 403-405).
Shakespeare und Michel Angelo (Frankfurter Konversationsblatt, 29.1.1849).
Unter Michel Angelo's Bildniß (Göttinger Musenalmanach 1790, S. 191).
Auf Raphaels Gemälde in der Farnesina (Morgenblatt, 6.3.1821).
Rafael, Göthe, Achill (FDH 9221).
An den Psichologen x x (FDH 9217).
Der Maulwurff und der Venus-Kopff (FDH 9217).
Morgengebeth der römischen Ciceronen (FDH 9217).

Gedichte über Freunde und über sich selbst (S. 87)

Nach Hahns Abschied (Lauenburger Musenalmanach 1776, S. 205-207).
Einem reisenden Mahler ins Stammbuch geschrieben (Schreibtafel. Mannheim. 6. Lieferung 1778, S. 200-201).
an meinen liben Claudius in Wandsbeck (FDH 9230).
Auf Lessings Tod (Ausschnitt) (Morgenblatt, 28.2.1820).
Maler Müllers Grabschrift. Von ihm selbst sich gesetzt (Morgenblatt, 9. 11. 1820).

Abkürzungen der Nachweise
FDH: Handschrift im Freien Deutschen Hochstift — Goethemuseum Frankfurt.
Morgenblatt: Morgenblatt für gebildete Stände, Stuttgart.
Seuffert: Bernhard Seuffert, Maler Müller. Berlin 1877.
SPK: Staatsbibliothek Preußischer Kulturbesitz, Berlin (West).

## Die Sparkasse hatte schon immer zur Kultur ein direktes Verhältnis. Und umgekehrt.

Johann Wolfgang von Goethe ist ein Beispiel. Er war Mitbegründer einer Sparkasse. Die Förderung der Kunst und Kultur „vor Ort" wird von der Sparkasse Bad Kreuznach aus Tradition auch dann betrieben, wenn große Namen nicht beteiligt sind. Kunst und Brauchtum sind nur zwei der wichtigen Bereiche des gesellschaftlichen Lebens, die Engagement brauchen.

Und das macht sich die Sparkasse Bad Kreuznach als öffentliches Kreditinstitut zur ständigen Aufgabe. Man könnte das als Verpflichtung gegenüber dem Bürger bezeichnen. Aber im Sinne von Johann Wolfgang von Goethe nennen wir es lieber ein Anliegen aus Freude am öffentlichen und kulturellen Leben unserer Heimat.

**Sparkasse Bad Kreuznach**

# Bad Kreuznach

## DAS ÄLTESTE RADON-SOLBAD DER WELT

**Heilanzeigen**

    Rheumatische Erkrankungen
    Gelenkveränderungen durch Gicht
    degenerative Erkrankungen der Wirbelsäule
    und der Gelenke
    Frauenleiden
    nichtansteckende Hautkrankheiten
    Erkrankungen der Atmungsorgane
    Erkrankungen im Kindesalter
    Gefäßerkrankungen
    Störungen der inneren Sekretion

**Kureinrichtungen**

    Radon-Stollen
    Freiluft-Solezerstäubungsanlage (Kurpark)
    Gradierwerke
    Elisabeth-Trinkquelle
    crucenia-kur-thermen (Thermal-Sole-Bewegungsbad)

**Die Stadt mit 40.000 Einwohnern ist:**

    Mittelpunkt der Naheregion
    weltbekannte Industriestadt
    lebendiger Handels- und Gewerbeplatz
    Einkaufszentrum
    Schul-, Kultur- und Sportzentrum
    die größte weinbautreibende Gemeinde
    im Landkreis Bad Kreuznach
    ideal für Tagungen und Kongresse

**Auskunft und Prospekte**

    Kur- und Salinenbetriebe der
    Stadt Bad Kreuznach, Postfach 649
    6550 Bad Kreuznach
    Tel.: (0671) 92 325, Telex Nr. 042779 stbvg

# SERVICE,
# PREIS + LEISTUNG

*hier stimmt einfach alles!*

## Die neuen KODAK Compact Cameras.

Zum Beispiel:

**5 Jahre Garantie**

## Die KODAK 35 AF1 Camera.

Mit automatischer Schärfe-, Belichtungs- und Filmempfindlichkeitseinstellung. So macht Fotografieren noch mehr Spaß.

DM 398,—

KODAK disc CAMERAS ERHALTEN SIE BEI UNS.

## heisterkamp
## fotohaus

ihr spezialist im nahetal
bad kreuznach · bahnhofsplatz
Telefon 0671-28107

PRODUKTE VON **Kodak**

# STEIGENBERGER
## HOTEL KURHAUS

Kurhausstraße 28 · 6550 Bad Kreuznach · Telefon 0671-2395 und 2061
Direktion: H. Seidl

108 modern eingerichtete Zimmer mit Blick auf den Kurpark oder die Nahe.
Attraktive Pensions- und Pauschalarragements besonders für Weihnachten und Silvester.

## la casserole

Das Spezialitätenrestaurant, in dem unser Küchenchef Werner Königseder Sie einmal so richtig kulinarisch verwöhnen möchte.

Eine erlesene Auswahl von Kuchen und Torten, Eisspezialitäten sowie Erfrischungen jeder Art finden Sie in unserem

### Café
### Kurhaus Terrasse

Lassen Sie sich zum eleganten Ausklang des Abends einen wohltuenden Drink verordnen. Mit Musik und Tanz erwartet Sie unsere wiedereröffnete

### KURHAUS BAR
### Cognac-Apotheke

Zu einem gemütlichen Beisammensein bei einer guten Flasche Wein und herzhaften Speisen heißen wir Sie im

### kurhaus keller
und
### naheweinstube

herzlich willkommen.

# Autohaus Kreuznach

*meint*

ein Blick in unser **1500 m²** großes

## OPEL-INFO-CENTER

sagt mehr als viel Worte ...

# Autohaus Kreuznach

**Über 55 Jahre im Dienste des Opel-Fahrers**

Bosenheimer Straße 239 · Telefon 06 71 / 6 66 58

## Städtische Betriebs- und Verkehrsgesellschaft mbH

# bad kreuznach

**Jeden Tag 24 Stunden für Sie im Einsatz**

... sind die 264 Mitarbeiter der Städtischen Betriebs- und Verkehrsgesellschaft Bad Kreuznach.

Ca. 20100 Haushalte, 4200 Dienstleistungs- und Gewerbeunternehmen sowie die gesamte Straßenbeleuchtung brauchen Strom —
**wir liefern Strom.**

Mehr als 52000 Bürger benötigen Trinkwasser —
**wir versorgen sie mit Trinkwasser.**

Rund 46000 Einwohner und über 2600 Sondervertragskunden in unserem Versorgungsgebiet verwenden Erdgas —
**wir liefern Erdgas.**

Über 5,5 Mio. Bürger benötigen im Jahr öffentliche Verkehrsmittel —
**wir befördern sie mit unseren Bussen.**

Annähernd 70000 Menschen nutzen jährlich unser Hallenbad —
**wir betreuen sie.**

Damit sie alle diese Notwendigkeiten und Vorteile jederzeit in Anspruch nehmen können —
**wir sorgen dafür.**

Städtische Betriebs- und Verkehrsgesellschaft mbH, 6550 Bad Kreuznach
Telefon (0671) 991

**Über**

**50 JAHRE** | **1934-1987**

ENTWURF · SATZ · FOTOSATZ
DRUCK · BUCH- UND OFFSETDRUCK
BUCHBINDERISCHE VERARBEITUNG

ALLES UNTER EINEM DACH

## Friedrich Fiedler
Buch- und Offsetdruck · Verlag

**6550 Bad Kreuznach**
Baumstraße 1 · Tel. 0671-41061

- Geschäftsdrucksachen
- Werbeprospekte
- Plakate
- Festschriften
- Spezialist für 4-Farbdrucke

Buchdruckerei
**A. Geis** GmbH

Buch-
und
Offsetdruck

6552 Bad Münster am Stein-Ebernburg · Postfach 1132 · Telefon (06708) 3930

# Mercedes

*Kaum ein Markenname hat wohl einen so charmanten Ursprung wie der unsere. Dieser Begriff für besonders gute Automobile war nämlich der Vorname eines hübschen jungen Mädchens. Und zum Auto ist er gekommen durch die überschwengliche Liebe eines Vaters: der Konsul Jellinek – Geschäftsfreund von Gottlieb Daimler im mondänen Monaco um die Jahrhundertwende – bestellte damals 45 Exemplare des Daimlerwagens »Simplex« – für die junge Firma ein wichtiger Großauftrag. Den aber machte Jellinek davon abhängig, daß Daimler diesen Automobiltyp nach seiner Tochter »Mercedes« benannte. Und weil das Auto so erfolgreich wurde, blieb »Mercedes« dann einfach der Name für alle Wagen aus der schwäbischen Automobilfabrik.*

VERTRETER DER DAIMLER-BENZ-AKTIENGESELLSCHAFT

# Schad

Wilhelm Schad Nachf. GmbH & Co. KG, Mainzer Str. 4 (B 41), 6550 Bad Kreuznach, Tel. 06 71 / 705-0

# Es gibt klassische und moderne Dämmethoden: Glas HÜGE bietet eine der modernsten:

**CLIMAPLUS N.** Das farbneutrale, hochwärmedämmende Isolierglas der **CLIMALIT-Palette** bietet verbesserte k-Werte, bis 1,2 k, hohe Lichtdurchlässigkeit und eine optimale Energiebilanz.

Und das schafft eine nur 0,0001 Millimeter dünne Beschichtung auf Silberbasis. Sie macht aus einfachem Glas ein hochwertiges zeitgemäßes Dämmaterial.

## Isolierglas CLIMAPLUS-N*

\* neutral im Aussehen, hoch-wärmedämmend, hoch-lichtdurchlässig

Fordern Sie Informationen zu **CLIMAPLUS N** an beim Hersteller:

**Glas HÜGE**
**Bosenheimer Straße 235**
**Telefon 0671/703-0**
**6550 Bad Kreuznach**

Vorname

Name

Straße

PLZ        Ort

## Friedrich Müller 1749-1825
## Der Maler

**Ingrid Sattel Bernardini**
**Wolfgang Schlegel**

### Edition PVA

Das erste vollständige Verzeichnis
des bildkünstlerischen Werks Friedrich Müllers
nebst einer Biographie und einer Zeittafel
zur Epoche des bedeutenden Malerdichters

462 Seiten mit über 700 Abbildungen
Leinen mit Schutzumschlag. DM 76.–

**PFÄLZISCHE VERLAGSANSTALT · 6740 LANDAU**

# Der Einkaufs-Spaß für die ganze Familie!

Modern, ideenreich, sympathisch! Mitten in der Fußgänger-Zone ein Kaufhaus mit viel Atmosphäre. Fachkundiges, freundliches Personal und Service auf 3000 qm Verkaufsfläche. Ihr Einkauf wird ein Vergnügen sein!

## Kaufhaus Scholle

*Wo Sie Schönes preiswert finden!*

Bad Kreuznach, Mannheimer Str. 119-125, Tel. 0671/40014

Seit 1962 bekannt durch enorm preisgünstige Top-Angebote von Markenartikeln, geprüfte Qualität.
Aktuelle Mode, neue Trends, chice Accessoires! Alles Schöne-Praktische und Nützliche ist bei uns zu haben!
Bei uns ist der Kunde König!

## Kaufhaus Fundgrube

*Mitten in der City - Einkaufen wo es Spaß macht!*

Bad Kreuznach, Mannheimer Str. 179-181, Telefon 0671/6 20 23